"十四五"职业教育国家规划教材

汽车底盘机械系统检测与修复

第3版

主　编	张立新	孟淑娟			
副主编	韩希国	侯建党	李培军		
参　编	郭大民	卢　萍	黄宜坤	张丽丽	李泰然　孙　涛
	卢中德	高元伟	张成利	孙立军	陈宝明

机械工业出版社

本书为"十四五"职业教育国家规划教材。

"汽车底盘机械系统检测与修复"是汽车检测与维修技术专业的核心课程，本书是基于国家示范性高等职业院校建设方案、设计与实施工作任务设计的项目课程教材，主要内容包括汽车传动系统检修、汽车行驶系统检修、汽车转向系统检修和汽车制动系统检修。

本书可作为高等职业教育院校汽车检测与维修技术专业、汽车运用与维修技术专业的教学用书，也可作为其他汽车专业的参考书以及各类汽车职业培训用书。

本书配有电子课件、模拟试题及答案、相关视频二维码等，凡使用本书作为教材的教师可登录机械工业出版社教育服务网（www.cmpedu.com），注册后免费下载。咨询电话：010-88379375。

图书在版编目（CIP）数据

汽车底盘机械系统检测与修复 / 张立新，孟淑娟主编. -- 3版. -- 北京：机械工业出版社，2024.10（2025.1重印）. -- （"十四五"职业教育国家规划教材）. -- ISBN 978-7-111-76693-3

I. U472.41

中国国家版本馆 CIP 数据核字第 2024U1G850 号

机械工业出版社（北京市百万庄大街22号　邮政编码100037）
策划编辑：葛晓慧　　　　　　责任编辑：葛晓慧　谷慧思
责任校对：薄萌钰　陈　越　　封面设计：王　旭
责任印制：张　博
北京建宏印刷有限公司印刷
2025年1月第3版第2次印刷
184mm×260mm・12.5印张・309千字
标准书号：ISBN 978-7-111-76693-3
定价：54.00元

电话服务　　　　　　　　　网络服务
客服电话：010-88361066　　机　工　官　网：www.cmpbook.com
　　　　　010-88379833　　机　工　官　博：weibo.com/cmp1952
　　　　　010-68326294　　金　书　网：www.golden-book.com
封底无防伪标均为盗版　　　机工教育服务网：www.cmpedu.com

关于"十四五"职业教育
国家规划教材的出版说明

为贯彻落实《中共中央关于认真学习宣传贯彻党的二十大精神的决定》《习近平新时代中国特色社会主义思想进课程教材指南》《职业院校教材管理办法》等文件精神,机械工业出版社与教材编写团队一道,认真执行思政内容进教材、进课堂、进头脑要求,尊重教育规律,遵循学科特点,对教材内容进行了更新,着力落实以下要求:

1. 提升教材铸魂育人功能,培育、践行社会主义核心价值观,教育引导学生树立共产主义远大理想和中国特色社会主义共同理想,坚定"四个自信",厚植爱国主义情怀,把爱国情、强国志、报国行自觉融入建设社会主义现代化强国、实现中华民族伟大复兴的奋斗之中。同时,弘扬中华优秀传统文化,深入开展宪法法治教育。

2. 注重科学思维方法训练和科学伦理教育,培养学生探索未知、追求真理、勇攀科学高峰的责任感和使命感;强化学生工程伦理教育,培养学生精益求精的大国工匠精神,激发学生科技报国的家国情怀和使命担当。加快构建中国特色哲学社会科学学科体系、学术体系、话语体系。帮助学生了解相关专业和行业领域的国家战略、法律法规和相关政策,引导学生深入社会实践、关注现实问题,培育学生经世济民、诚信服务、德法兼修的职业素养。

3. 教育引导学生深刻理解并自觉实践各行业的职业精神、职业规范,增强职业责任感,培养遵纪守法、爱岗敬业、无私奉献、诚实守信、公道办事、开拓创新的职业品格和行为习惯。

在此基础上,及时更新教材知识内容,体现产业发展的新技术、新工艺、新规范、新标准。加强教材数字化建设,丰富配套资源,形成可听、可视、可练、可互动的融媒体教材。

教材建设需要各方的共同努力,也欢迎相关教材使用院校的师生及时反馈意见和建议,我们将认真组织力量进行研究,在后续重印及再版时吸纳改进,不断推动高质量教材出版。

机械工业出版社

前 言

本书为"十四五"职业教育国家规划教材。

教材是培根铸魂、立德树人的重要载体，是育人育才的重要依托。

本书全面贯彻党的二十大精神，书中内容贯穿着培养什么人、怎样培养人、为谁培养人的课程思政的宗旨，围绕职业教育、高等教育、继续教育协同创新，推进职普融通、产教融合、科教融汇，优化职业教育类型定位。

本书以教育部高职高专汽车检测与维修技术专业的教学大纲为基础，是基于国家示范性高等职业院校建设方案、设计与实施工作任务设计的项目课程教材。在编写的过程中力求将高等职业教育发展的新形势和国内外汽车工业发展的新知识、新技术相结合，并充分贯彻一体化教学的要求，体现生产一线技术与管理实际需要及职业资格或职业岗位能力的紧密结合，有较强的针对性和实用性。

本书编者深刻学习和领会党的二十大报告精神，充分认识新时代教材工作者肩负的使命，每一部分内容都结合课程融入素质教育元素，理论联系实际，确保教材建设始终坚持党的教育方针和正确价值导向，打造出启智增慧、适应时代要求的精品教材，真正做到"尺寸课本、国之大者"，切实把好育人育才的重要关口。

本书以职业能力培养为主线，以工作任务为导向，将典型案例引入学习内容，按照学习目标、素养目标、工作任务、任务情境、任务分析、相关专业知识、任务实施、归纳总结以及拓展提高的结构体系进行编写。

本书较为系统地介绍了汽车底盘机械系统各零部件的结构、原理、拆装、检修及常见故障诊断与排除，内容由浅入深、通俗易懂，配备了电子课件、模拟试题及答案、相关的视频、动画等立体化教学资源，符合"互联网+"职业教育和新形态一体化教材的要求，可帮助教师实现线上教学。

本书由张立新、孟淑娟任主编，韩希国、侯建党、李培军任副主编，参加编写的还有郭大民、卢萍、黄宜坤、张丽丽、李泰然、孙涛、卢中德、高元伟、张成利、孙立军、陈宝明。

由于编者水平有限，书中难免有不当之处，恳请读者批评指正。

编　者

二维码索引

序号	名称	图形	页码	序号	名称	图形	页码
1	离合器工作原理		17	12	钢板弹簧		121
2	液压式操纵机构工作原理		22	13	螺旋弹簧		122
3	普通齿轮传动基本原理		32	14	螺旋弹簧和减振器的原理		124
4	多级齿轮传动基本原理		32	15	减振器		125
5	自锁装置工作原理		41	16	齿轮齿条式转向器		138
6	万向传动装置组成及工作原理		52	17	循环球式转向器动画		139
7	十字轴式万向节		54	18	双叶片泵工作原理		155
8	差速器工作原理（汽车直线行驶时）		71	19	定钳盘式制动器		166
9	差速器工作原理（汽车转弯行驶时）		71	20	浮钳盘式制动器		166
10	非独立悬架		120	21	驻车制动原理		171
11	独立悬架		120	22	真空助力器		183

目 录

前言

二维码索引

1 项目一　汽车传动系统检修 ………………………………………………… 1

任务一　汽车底盘认识 ………………………………………………… 2
任务二　汽车离合器检修 ……………………………………………… 16
任务三　汽车手动变速器检修 ………………………………………… 30
任务四　汽车万向传动装置检修 ……………………………………… 50
任务五　汽车驱动桥检修 ……………………………………………… 62

2 项目二　汽车行驶系统检修 …………………………………………………… 85

任务一　汽车车架检修 ………………………………………………… 86
任务二　汽车车桥检修 ………………………………………………… 93
任务三　汽车车轮总成检修 …………………………………………… 103
任务四　汽车悬架检修 ………………………………………………… 118

3 项目三　汽车转向系统检修 ………………………………………………… 134

任务一　汽车机械转向系统检修 ……………………………………… 135
任务二　汽车液压动力转向系统检修 ………………………………… 148

4 项目四　汽车制动系统检修 ………………………………………………… 161

任务一　汽车制动器检修 ……………………………………………… 162
任务二　汽车液压式制动传动装置检修 ……………………………… 176

参考文献 …………………………………………………………………… 194

项目一

汽车传动系统检修

🚗➔ 学习目标

通过本项目的学习,你将懂得汽车传动系统的结构及工作原理,并具备从事汽车传动系统维护及检修等工作的能力。

能够:
- 熟悉汽车底盘的基本组成、汽车底盘的总体布置和汽车行驶的基本原理。
- 熟悉汽车维修流程及维修工作原则。
- 熟练掌握汽车离合器的功用、基本组成、工作原理及检修方法。
- 熟练掌握汽车手动变速器的功用、基本组成、工作原理及检修方法。
- 掌握汽车万向传动装置的功用、基本组成、工作原理及检修方法。
- 掌握汽车驱动桥的功用、基本组成、工作原理及检修方法。

🚗➔ 素养目标

搜集"汽车检测维修人员职业道德规范"资料,你将懂得汽车检测维修人员职业道德规范所包含的具体内容,并具备汽车检测维修人员基本的职业道德素养。

能够:
- 熟悉爱岗敬业、诚实守信、奉献社会等所包含的具体内容及对汽车检测维修人员的具体要求。
- 不断提高自己的职业道德素养,形成高尚的职业道德品质。

工作任务

某客户抱怨他所驾驶的卡罗拉乘用车行驶中发出不正常的响声，车速越高，响声越大，严重时伴随着车身抖振，要求排除故障、修复此车。

汽车传动系统检修主要包括汽车底盘认识、汽车离合器检修、汽车手动变速器检修、汽车万向传动装置检修和汽车驱动桥检修。

任务一　汽车底盘认识

知识点：①汽车底盘的基本组成。②汽车底盘的总体布置。③汽车行驶的基本原理。④汽车维修流程及维修工作原则。

能力点：认识汽车底盘的主要总成及部件。

任务情境

汽车底盘认识

客户来到 4S 店，想买一新款四轮驱动轿车。经理安排小李负责接待工作，小李根据客户的需要对车辆的配置及性能加以介绍，出色地完成了这个任务。

任务分析

该任务是初步认识汽车底盘。完成此任务需要了解汽车底盘的基本组成，汽车底盘的总体布置，汽车行驶的基本原理，汽车维修流程及维修工作原则。

相关专业知识

一、汽车底盘的基本组成

汽车一般是由发动机、底盘、车身和电气设备组成。

汽车底盘由传动系统、行驶系统、转向系统和制动系统组成，其功用是接受发动机的动力，使汽车运动并保证汽车能够按照驾驶人的操纵正常行驶。图 1-1 所示为乘用车的底盘结构。

1. 传动系统

汽车传动系统是指从发动机到驱动车轮之间所有动力传递装置的总称。其功用是将发动机的动力传给驱动车轮。不同汽车的传动系统组成稍有不同：载货汽车及部分乘用车，其传动系统一般是由离合器、手动变速器、万向传动装置（万向节和传动轴）、驱动桥（主减速器、差速器、半轴、桥壳）等组成，如图 1-2 所示；而乘用车中采用自动变速器的越来越多，其传动系统一般是由自动变速器、万向传动装置（万向节和传动轴）、驱动桥（主减速器、差速器、半轴、桥壳）等组成，即用自动变速器取代了离合器和手动变速器；如果是越野汽车（包括 SUV，即运动型多功能汽车），一般还包括分动器。

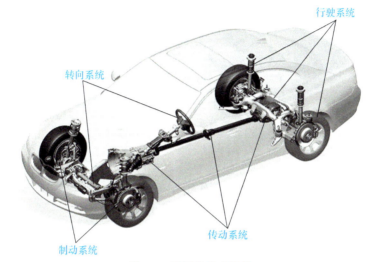

图 1-1 乘用车底盘结构

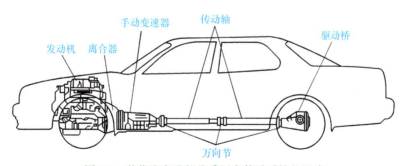

图 1-2 载货汽车及部分乘用车传动系统的组成

传动系统各组成部件的功用如下。
1）离合器：保证换档平顺，必要时中断动力传动。
2）变速器：变速、变矩、变向、中断动力传动。
3）万向传动装置：实现有夹角和相对位置经常发生变化的两转轴之间的动力传动。
4）主减速器：将动力传给差速器，并实现降速增矩、改变传动方向。
5）差速器：将动力传给半轴，并允许左、右半轴以不同的转速旋转。
6）半轴：将差速器的动力传给驱动车轮。

2. 行驶系统

汽车行驶系统一般由车架（车身）、悬架、车桥和车轮总成等组成，如图 1-3 所示。车轮总成通过轴承安装在车桥两边，车桥通过悬架与车架（或车身）连接，车架（或车身）是整车的装配基体。

图 1-3　汽车行驶系统的组成

汽车行驶系统的功用为：
1）支承汽车的质量并承受、传递路面作用在车轮上的各种力。
2）接受传动系统传来的转矩并转化为汽车行驶的牵引力。
3）缓和冲击，减小振动，保证汽车平顺行驶。

3. 转向系统

转向系统的功用是保证汽车能够按照驾驶人操纵的方向行驶。其主要由转向操纵机构、转向器、转向传动机构组成，如图 1-4 所示。现在的汽车普遍采用动力转向装置。

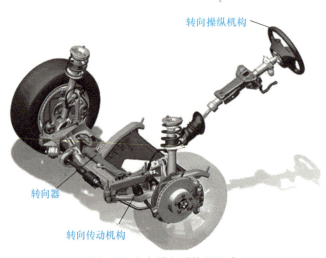

图 1-4　汽车转向系统的组成

4. 制动系统

制动系统的功用是使汽车减速、停车并能保证可靠地驻停。汽车制动系统一般包括行车制动系统和驻车制动系统,每套制动系统都包括制动器和制动传动机构,如图 1-5 所示。现在汽车的行车制动系统一般都装配有防抱死制动系统(ABS)。

二、汽车底盘的总体布置

汽车底盘的总体布置与发动机的位置及汽车的驱动方式有关,一般有<u>发动机前置后轮驱动、发动机前置前轮驱动、发动机后置后轮驱动、发动机中置后轮驱动、发动机前置全轮驱动</u>等形式,如图 1-6 所示。

1. 发动机前置后轮驱动

发动机前置后轮驱动(FR)如图 1-7 所示。这种布置形式将发动机布置在汽车前部,动力经过离合器、变速器、万向传动装置、后驱动桥,最后传到后驱动车轮,使汽车行驶。

这是一种传统的布置形式,通过它可获得比较合理的轴荷分布,在车辆满载情况下可以获得更好的动力性并保证制动性,方便布置,便于维护,应用广泛,适用于除越野汽车以外的各类型汽车,如大多数的货车、部分乘用车和部分客车都采用这种布置形式。

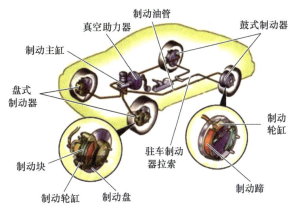

图 1-5 汽车制动系统的组成

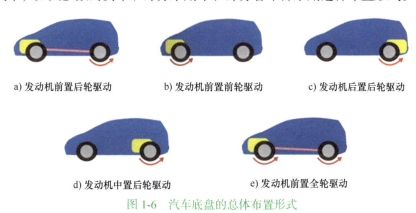

a) 发动机前置后轮驱动　　b) 发动机前置前轮驱动　　c) 发动机后置后轮驱动

d) 发动机中置后轮驱动　　e) 发动机前置全轮驱动

图 1-6 汽车底盘的总体布置形式

图 1-7 发动机前置后轮驱动

2. 发动机前置前轮驱动

发动机前置前轮驱动（FF）如图 1-8 所示。这种布置形式将发动机布置在汽车前部，动力经过离合器、变速器、前驱动桥，最后传到前驱动车轮。这种布置形式可以省去变速器与驱动桥之间的万向传动装置，使结构简单、紧凑，整车质量减小，高速时操纵稳定性好。大多数乘用车采用这种布置形式。这种布置形式的缺点是爬坡性能差。

3. 发动机后置后轮驱动

发动机后置后轮驱动（RR）如图 1-9 所示。这种布置形式将发动机布置在汽车后部，动力经过离合器、变速器、角传动装置、万向传动装置、后驱动桥，最后传到后驱动车轮，使汽车行驶。这种布置形式容易实现前、后轴荷的合理分配，便于车身内部的布置，减小车厢内的噪声，一般用于大型客车。

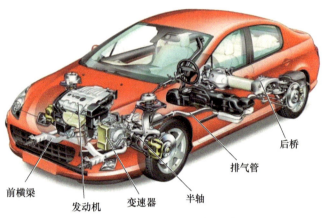

图 1-8 发动机前置前轮驱动

图 1-9 发动机后置后轮驱动

4. 发动机中置后轮驱动

发动机中置后轮驱动（MR）如图 1-10 所示，这种布置形式将发动机布置在驾驶室后面的汽车中部，利用后轮驱动，有利于实现前、后轴较为理想的轴荷分配，是跑车、赛车和一些大、中型客车采用的布置形式。

5. 发动机前置全轮驱动

发动机前置全轮驱动（AWD）如图 1-11 所示。这种布置形式将发动机布置在汽车前部，动力经过离合器、变速器、分动器、万向传动装置分别到达前、后驱动桥，最后传到前、后驱动车轮，使汽车行驶。由于所有的车轮都是驱动车轮，可以最大限度地利用地面附着条件,获得尽可能大的牵引力,因而提高了汽车的越野通过性能,这是越野汽车、军事车辆和高级轿车采取的布置形式。

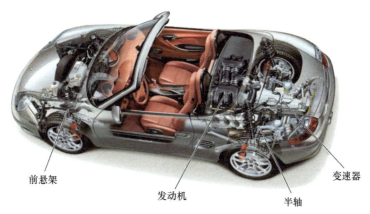

图 1-10　发动机中置后轮驱动

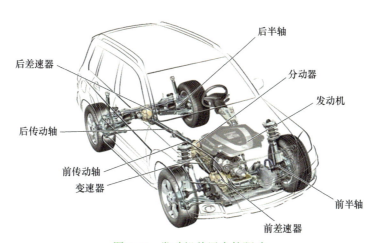

图 1-11　发动机前置全轮驱动

三、汽车行驶的基本原理

1. 汽车行驶阻力

要想使汽车行驶,必须对汽车施加一个驱动力以克服各种阻力。汽车行驶阻力包括滚动阻力、空气阻力、上坡阻力和加速阻力。

1)滚动阻力(F_f)。车轮滚动时,轮胎与地面的接触区域会产生轮胎与支撑路面的变形(当弹性轮胎在硬路面上滚动时,轮胎的变形是主要的),由此而引起的地面对轮胎的阻力,就是滚动阻力。滚动阻力等于滚动阻力系数与车轮负荷的乘积。滚动阻力系数由试验确定。滚动阻力系数与路面性质、汽车行驶速度以及轮胎的构造、材料、气压等有关。

2)空气阻力(F_w)。汽车直线行驶时受到的空气作用在行驶方向上的分力称为空气阻力F_w。空气阻力与汽车的形状、汽车正面投影面积有关,特别是与汽车和空气的相对速度的平方成正比。当汽车高速行驶时,空气阻力的数值将显著增加。

3)上坡阻力(F_i)。当汽车上坡时,汽车重力沿坡道的分力即为汽车的上坡阻力。

4)加速阻力(F_j)。汽车加速行驶时,需要克服其质量加速运动的惯性力,也就是加速阻力。

2. 汽车的驱动力

为克服上述阻力,汽车必须有足够的驱动力。汽车驱动力的产生原理如图1-12所示。发动机经由传动系统在驱动轮上施加一个驱动力矩M_t,使驱动轮旋转。在M_t的作用下,驱动轮对与其接触的路面施加一个圆周力F_0,其方向与汽车行驶方向相反,大小为

$$F_0 = \frac{M_t}{R}$$

式中　F_0——驱动轮对路面施加的圆周力(N);
　　　M_t——驱动力矩(N·m);
　　　R——驱动车轮的滚动半径(m)。

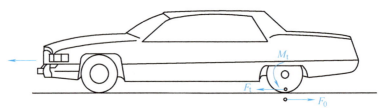

图1-12　汽车驱动力的产生原理

由于驱动车轮与路面的附着作用,在车轮向路面施加力F_0的同时,路面会对车轮施加一个大小相等、方向相反的反作用力F_t,F_t就是汽车行驶的驱动力(也称为汽车牵引力)。

3. 驱动力与行驶阻力的关系

当驱动力逐渐增大到足以克服汽车所受到的阻力时,汽车便开始起步行驶。汽车起步后,其行驶情况取决于驱动力和行驶阻力之间的关系。当驱动力等于行驶阻力时,汽车将匀速行驶;当驱动力大于行驶阻力时,汽车将加速行驶;当驱动力小于行驶阻力时,汽车将减速行驶或静止不动。

但是汽车并不是在任何情况下都能产生足够的驱动力的。驱动力的最大值固然取决于发动机的最大转矩和传动系统的传动比,但实际发出的驱动力还要受到轮胎与路面附着作用的限制。由附着作用所决定的阻碍车轮打滑的路面反力的最大值称为附着力,用F_φ表示。附着力与驱动轮所承受的垂直于地面的法向力G成正比,即

$$F_\varphi = G\varphi$$

式中,φ为附着系数,其数值与轮胎的类型及地面的性质有关;G的数值是汽车总重力G_0分配到驱动车轮上的那部分重力。

由此可见,附着力限制了驱动力的发挥,即

$$F_t \leq F_\varphi = G\varphi$$

在冰雪、泥泞等不良路面上行驶时,因φ值很小,故附着力也很小,汽车的驱动力受到附着力的限制而不能克服较大的行驶阻力,导致汽车减速甚至不能前进。此时,即使加大节气门开度或换入低速档,车轮也只会滑转,驱动力仍不能增大。因此,普通载货汽车在冰雪

路面上行驶时，往往需要在驱动轮上绕装防滑链，以增大附着系数和附着力。全轮驱动的越野汽车为了提高附着系数，采用特殊花纹轮胎、镶钉轮胎等。另外，普通载货汽车的附着力只是分配到驱动轮上的那部分汽车重力；而全轮驱动的越野汽车，其附着力则是全车的总重力，因而其附着力比普通载货汽车显著增大。

四、汽车维修流程及维修工作原则

1. 汽车维修流程

（1）汽车维修部门团队合作　汽车维修部门包括4部分工作人员：业务接待、调度/维修经理、维修班组长/维修技师、维修工。

1) 业务接待在前台，负责预约、接待，做好初步维修准备工作后，将后续工作转交调度或维修经理。

2) 调度/维修经理根据维修工作的技术水平等情况，向维修班组长或维修技师下派任务，并监督每项工作的进程。

3) 维修班组长/维修技师组织维修工进行修理并检查每项工作的质量。

4) 维修工进行维护工作，并在维修班组长/维修技师的指导下进行必要的维修工作。

这4部分人员必须彼此理解各自的工作角色和职责，并相互协作、及时沟通，作为一个团队来进行工作，为客户提供最优质的服务，使客户满意。

（2）汽车维修基本流程　汽车维修基本流程如图1-13所示。

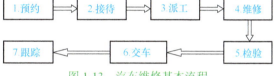

图1-13　汽车维修基本流程

1) 预约。预约工作由业务接待完成，主要包括：询问客户及车辆基础信息（核对老客户数据、登记新客户数据）；询问行驶里程；确认客户的需求、车辆故障问题；确定接车时间；接收客户相关的资料（随车文件、防盗器密码、车轮防盗螺栓钥匙、维修记录等）；通知有关人员（车间、备件、接待、资料、工具管理）做准备；根据维修项目的难易程度合理安排人员等。

2) 接待。接待工作主要包括以下2项。

① 业务接待：主要包括出迎问候客户、引导客户停车；记录客户陈述；明确客户需求，定期维护（PM）、一般修理（CR）、钣金/喷漆（B/P）及其他；陪同客户前往停车场，在客户面前安装CS件（座椅套、转向盘套、地板垫）；在客户陪同下进行车辆外观的检查（损伤痕迹、凹陷等）并加以确认等。

② 调度/维修经理接待：主要包括问诊，询问故障现象，故障再现确认，推测故障原因；对维修费用进行估算；明确预计完成时间。

3) 派工。依照对客户承诺的时间安排、分配维修工作。正确的分配工作包括记录与跟踪每一个维修工单。分配维修工单时，要考虑时间、人员和设备3个主要标准。

4) 维修。维修工作包括：维修班组长/维修技师接收、检查维修工单，接收用于维修的零件；挑选合适的修理工，向其发出工作指令，并将维修工单交给修理工；在预计的时间内完成工作，并向调度/维修经理确认工作完成等。如果有技术难题应及时向调度/维修经理寻求技术支持。

5) 检验。检验工作包括：维修班组长/维修技师进行最后的验车，确认完成维修任务并向调度/维修经理确认工作完成;调度/维修经理向业务接待确认工作完成。

6)交车。交车工作包括:维修班组长/维修技师检查车辆是否清洁,检查是否取下座椅套、地板垫、转向盘罩、翼子板布、前罩等;带领客户完成车辆维修的结算,并为所有费用开具发票,提供详细的发票说明;最后将车辆交付客户。

7)跟踪。3日内与客户联系,向客户确认维修后的车况是否良好。

2. 汽车维修人员的工作原则

汽车维修人员工作的核心目标和原则是给客户提供最佳的售后服务。最佳的售后服务是高效、可靠、专业的服务,要想实现它就必须坚持以下工作原则。

(1)安全生产 在汽车维修过程中要特别重视安全问题,不仅包括个人的人身安全,还应包括他人的人身安全、工具和设备的安全、车辆的安全等。

1)人身安全。

① 眼睛的防护。在汽车维修工作中,眼睛经常会受到各种伤害,如飞来的物体、腐蚀性的化学飞溅、有毒的气体或烟雾等,这些伤害几乎都是可以防护的。

常见的用于保护眼睛的装备是护目镜(图1-14)和安全面具(图1-15)。护目镜可以防护对眼睛的各种伤害。在下列情况下,应考虑佩戴护目镜:进行金属切削加工、用錾子或冲子铲剔、使用压缩空气、使用清洗剂等。安全面具不仅能够保护眼睛,还能保护整个面部。如果进行电弧焊或气焊时,要使用装有有色镜片的护目镜或深色镜片的特殊面具,以防止有害光线或过强的光线伤害眼睛。

图1-14 护目镜

图1-15 安全面具

注意:在摘下护目镜时,要闭上眼睛,防止粘在护目镜外的金属颗粒掉进眼睛里。

② 听觉的保护。汽车修理厂是个噪声很大的场所,各种设备如冲击扳手、空气压缩机、砂轮机、发动机等所发出的噪声都很大。短时的高噪声会造成暂时性听力丧失,但持续的较低噪声则更有害。

常见的听力保护装备有耳塞和耳罩(图1-16),噪声极高时可同时佩戴。一般在钣金车间必须

a)带架耳塞

b)耳罩

c)耳塞

图1-16 常见的耳塞和耳罩

佩戴耳塞或耳罩。

③ 手的保护。手是身体经常受伤的部位之一，保护手要从两方面着手：一是不要把手伸到危险区域，如发动机前部转动的传动带区域、发动机排气管道附近等；二是必要时戴上防护手套。不同的场合需要选用不同的防护手套，做金属加工时选用劳保安全手套，接触化学品时选用橡胶手套。是否需要戴手套取决于工作的类型，在有旋转的地方工作就不应戴手套，如使用砂轮机、台钻等设备时不能戴手套，以免手套卷入旋转的部分导致手部受伤害。

④ 衣服、头发及饰物。宽松的衣服、长袖子、领带都容易卷进旋转的机器中，所以在修理厂中，首先一定要穿合体的工作服，最好是连体工作服（外套、工装裤也可以）。如果戴领带，要把它塞到衬衫里。

衣兜里不要装有工具、零部件等，特别是带有尖的部位的东西，否则容易伤到自身或车辆。

工作时不要戴手表或其他饰物，特别是金属饰物，这是因为它们在进行电气维修时可能导入电流而烧伤皮肤，或导致电路短路而损坏电子元件或设备。

在工厂内要穿劳保鞋，以保护脚面不被落下的重物砸伤，而且劳保鞋的鞋底防油、防滑。

长发很容易被卷入运转的机器中，所以长发一定要扎起来，并戴上帽子。

常见的个人安全防护设备如图1-17所示。

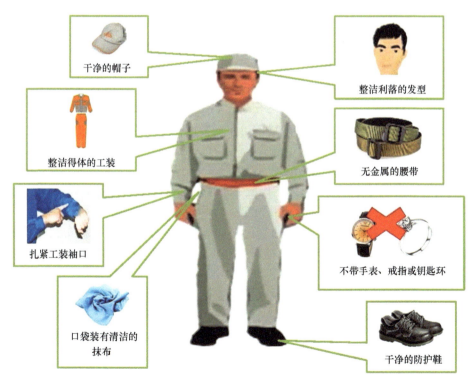

图1-17 常见的个人安全防护设备

另外，在搬举重物时应按照图1-18所示的方式进行，以避免损伤身体。

2) 工具和设备安全。手动工具看起来安全，但使用不当也会导致事故，如用一字螺钉旋具代替撬棍时，可能会导致旋具崩裂、损坏，飞溅物打伤自己或他人；扳手从油腻的手中滑落时，若掉到旋转的元件上，可能会被弹飞而伤人等。

另外，使用带锐边的工具时，锐边不要对着自己和工作同事。传递工具时要将手柄朝向对方。

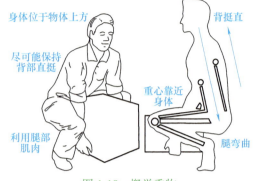

图 1-18　搬举重物

所有的电气设备都要使用三相插座，搭铁线要安全接地，电缆或装配松动应及时维护；所有旋转的设备都应有安全罩，以减少发生部件飞出伤人的可能性。

在进行电子系统维修时，应断开电路的电源，方法是断开蓄电池的负极搭铁线，这不仅可以保护人身安全，还能防止对电器的损坏。

许多维修工序需要将车升离地面，在升起车辆前应确保汽车已被正确支承，并应使用安全锁以免汽车落下。用千斤顶支起汽车时，应当确保千斤顶支承在汽车底盘大梁部分或较结实的部分。

工具和设备都要定期检查和维护。

使用压缩空气时，应非常小心，不要将压缩空气对着自己或别人，不要对着地面或设备、车辆乱吹。压缩空气会撕裂鼓膜，造成失聪，还会损伤肺部或伤及皮肤，被压缩空气吹起的尘土或金属颗粒也会造成皮肤、眼睛的损伤。

3) 车辆安全。客户的车辆一定不要非生产性的私自使用，否则有可能给个人和企业带来不良的影响。另外不能乱动客户车内的物品，如果因维修需要而对车辆的某些设置进行了改变，要在交车前恢复原有设置，如座椅的位置、转向盘的位置、收音机的设置等。

(2) 整洁、有序的工作　整洁、有序体现在 3 个方面：一是员工穿戴整洁；二是爱护车辆，保持车辆的整洁；三是工作场所的整洁有序。

1) 穿戴整洁。员工要穿戴干净的工作服、干净的帽子、干净的劳保鞋；头发利落整洁；另外不能戴手表、戒指等首饰，应戴无扣腰带，口袋内要有干净的抹布。

2) 爱护车辆。维修工作前要将座椅套、转向盘套、地板垫、翼子板布和前罩装好；要小心驾驶客户的车辆；在客户的车内不能吸烟；不要使用客户车辆的音响设备或车内电话；不要在车内放置工具、零件等非客户用品。

3) 工作场所的整洁有序。在工作时要保持工作场所的地面、工作台、工具箱、仪器设备等整洁有序，无用的东西及时拿走。

(3) 高效、可靠的工作　高效的工作需要做好必要的准备工作，如要事先确认库存有所需的零部件，根据维修工单去工作、避免出错，对工作做好规划、在一个工位要完成尽量多的工作等。工作场所的整洁有序是高效工作的前提。

遵循维修手册的要求，使用正确的工具、设备和仪器才能保证可靠的工作。

(4) 按时完成工作　一定要按时完成维修工作，如果提前完成，要再检查一次以确认是否完成所有的工作，并告知调度/维修经理；如果不能按时完成，也要告知调度/维修经理。如果发现车辆还存有维修工单范围以外的维修工作，也要向调度/维修经理请示，并由业务接待及时与客户沟通。

（5）后续工作　维修工作完成后，一定要重视后续工作。如要确保车辆与初始接收时一样整洁，将座椅、转向盘和反光镜恢复到接车时的位置，将更换的零件按客户的要求放到指定的位置，完成维修工单的填写工作等。

3. 日常安全守则

1）工具不使用时应保持干净，并放到正确的位置。
2）各种设备和工具要及时检查和保养。
3）手上应避免油污，以免工具滑脱。
4）起动发动机的车辆应保证驻车制动正常。
5）不要在车间内乱转。
6）在车间内起动发动机要保持通风良好。
7）在车间内穿戴、着装要合适，并佩戴必要的装备，如手套、护目镜、耳塞等。
8）不要将压缩空气对着人或设备吹。
9）尖锐的工具不要放到口袋里，以免扎伤自己或划伤车辆。
10）常用通道上不要放置工具、设备、车辆等。
11）用正确的方法使用正确的工具。
12）手、衣服、工具应远离旋转设备或部件。
13）开车进出车间时要格外小心。
14）在极度疲劳或消沉时不要工作，这种情况会降低注意力，有可能导致自身或他人的伤害。
15）如果不了解车间设备的使用方法，应先向清楚的人请教，以得到正确、安全的使用方法。
16）用举升器或千斤顶升起车辆时，一定要按正确的规程操作。
17）应知道车间灭火器、医疗急救包、洗眼处的位置。

任务实施

一、任务实施的环境与条件

1）四轮驱动车辆。
2）车辆展台。
3）相关车型手册。
4）车辆技术状况良好。
5）仪器操作手册。
6）注意环保及安全操作。

二、任务实施的步骤

汽车底盘认识工作任务的完成可参考下面的步骤。
第1步：提供车型手册及相关车辆宣传资料。

第 2 步：介绍四轮驱动车辆的功能。

第 3 步：向客户介绍四轮驱动车辆的基本结构及工作原理。

第 4 步：演示四轮驱动车辆的操纵方法，并说明使用注意事项。

三、技能训练及相关实践知识

汽车底盘认识技能训练

【训练任务】客户来到 4S 店，想了解四轮驱动车辆的结构及性能特点，以及使用过程中应注意的问题。销售人员需对此做出详细解释。

【训练建议】以小组形式完成。一名学生扮演 4S 店销售人员，其余学生扮演客户。然后按要求逐项填写技能训练评价表。

【评价建议】可用如下技能训练评价表对学生操作技能进行评价。

技能训练评价表

学生姓名					
测评日期		测评地点			
测评内容		汽车底盘认识			
考评标准	内容	分值/分	自评	互评	师评
	车辆信息描述	30			
	四轮驱动车辆性能特点	20			
	四轮驱动车辆的结构组成	20			
	四轮驱动车辆的操纵方法	30			
	合计	100			
最终得分（自评30% + 互评30% + 师评40%）					

说明：测评满分为 100 分，60~74 分为及格，75~84 分为良好，85 分以上为优秀。60 分以下的学生，需重新进行知识学习、任务训练，直到任务完成达到合格为止。

>>>>>> 归纳总结

汽车底盘由传动系统、行驶系统、转向系统和制动系统组成，其功用是接受发动机的动力，使汽车运动并保证汽车能够按照驾驶人的操纵正常行驶。汽车底盘的总体布置与发动机的位置及汽车的驱动方式有关，一般有发动机前置后轮驱动、发动机前置前轮驱动、发动机后置后轮驱动、发动机中置后轮驱动、发动机前置全轮驱动等布置形式。汽车的驱动力（牵引力）必须克服汽车行驶中的各种阻力，才能使汽车行驶，驱动力还受到轮胎与路面附着作用的限制。

思考题

1. 简述汽车底盘的基本组成及各组成部件的功用。
2. 说出汽车底盘的总体布置形式，并比较各种布置形式的特点。
3. 汽车行驶的基本原理是什么？
4. 简述汽车维修的基本流程。
5. 使用压缩空气时需要注意哪些问题？
6. 修理厂人员的衣着、服饰、头发需要注意哪些问题？

拓展提高

汽车检测维修人员职业道德规范

依据《新时代公民道德建设实施纲要》对职业道德的基本要求，并结合汽车检测维修行业的特点，汽车检测维修人员的职业道德规范可包括以下内容。

1. 爱岗敬业

（1）热爱检测维修事业　汽车检测维修人员要立足本职，服务社会，热爱检测维修岗位，有强烈的事业心和责任感。

（2）乐于奉献　汽车检测维修人员要以本业为荣，以本职为乐，为社会服务，在汽车检测维修岗位上发扬忘我工作的精神。

（3）钻研业务　汽车检测维修人员要对检测维修事业尽职尽责，勤恳忠诚，注重务实，钻研业务，不断提高检测维修的能力和水平。

（4）艰苦奋斗　汽车检测维修人员要保持艰苦奋斗的光荣传统和创业精神，反对追求豪华、奢侈浪费的不良风气，发扬开拓进取的精神。

2. 诚实守信

（1）诚实对待客户　汽车检测维修人员要以善良真诚的态度对待客户，不利用技术优势隐瞒车辆真实情况以及规定的价格、维修工时标准。

（2）信守检测维修合同　汽车检测维修人员要严格按照检测维修合同约定，全面履行义务，不悔约，不违约。

（3）坚持公平竞争　汽车检测维修人员要按照法律、法规、规章的要求进行竞争，不采取违法和损害行业的手段进行竞争。

3. 办事公道

（1）公开检测维修制度　汽车检测维修人员要公开汽车检测维修作业规范、收费标准、监督电话等各项制度，自觉接受行政监督、舆论监督、社会监督。

（2）公平确定权利与义务　汽车检测维修人员要严格按照平等原则签订检测维修合同，确定合理的权利和义务，并在其基础上提供文明优质服务。

（3）公正收取费用　汽车检测维修人员要严格按照国家有关规定和合同约定，合理结算费用，依法开具发票。

4. 服务群众

（1）尊重客户　汽车检测维修人员要尊重客户人格、尊重客户财产权利，主动为客户提供力所能及的各种服务。

（2）寓检测维修于服务之中　汽车检测维修人员要在本职工作中全心全意为人民服务，热爱客户，维护客户的合法利益。

5. 奉献社会

（1）为职业添彩　汽车检测维修人员要在本岗位上勤奋工作，为职业发展添光加彩，使汽车检测维修职业在社会各职业中成为光荣职业，为社会发展奉献力量。

（2）为社会增添正气　汽车检测维修人员要在检测维修中不谋私利、清正廉明、反腐拒贿，为社会风气增添正义和正气。

任务二　汽车离合器检修

知识点：①离合器的功用。②摩擦离合器的基本组成和工作原理。③摩擦离合器的构造和原理。④离合器操纵机构的结构和工作原理。

能力点：汽车离合器的检修。

任务情境

汽车离合器检修

客户反映，他所驾驶的汽车用低速档起步时，放松离合器踏板后，汽车不能起步或起步困难；汽车加速行驶时，车速不能随发动机转速的提高而提高，感到行驶无力，严重时会有焦糊味或冒烟等现象产生，师傅让维修工小李来对车辆进行检查，查找并排除故障。小李很快上手，并完成了这项任务。

任务分析

该任务是检修汽车离合器。完成此任务需要了解离合器的功用；掌握摩擦离合器的基本组成和工作原理；掌握摩擦离合器的构造和原理；掌握离合器操纵机构的结构和工作原理；掌握离合器的检修方法。

相关专业知识

一、离合器的功用

离合器的具体功用有以下3个方面。

1）使发动机与传动系统逐渐接合，保证汽车平稳起步。汽车起步时，驾驶人缓慢抬起离合器踏板，使离合器的主、从动部分逐渐接合，与此同时，驾驶人逐渐踩下加速踏板，以增加发动机的输出转矩，这样发动机的转矩便可由小到大传给传动系统。当牵引力足以克服汽车起步时的行驶阻力时，汽车便由静止开始缓慢逐渐加速，实现平稳起步。

2）暂时切断发动机的动力传递，保证变速器换档平顺。汽车在行驶过程中，由于行驶条件的变换，需要不断变换档位。对于普通齿轮变速器，换档时不同的齿轮副要退出啮合或进入啮合，这就要求换档前踩下离合器踏板，中断发动机的动力传递，以便于退出原有齿轮副的啮合并进入新齿轮副的啮合。如果没有离合器或离合器分离不彻底均会导致动力中断不完全，造成原有齿轮副之间会因压力大而难以脱开，待啮合齿轮副之间因圆周速度不同而难以进入啮合的问题。若勉强啮合则会产生很大的冲击和噪声，甚至会出现打齿。

3）限制所传递的转矩，防止传动系统过载。汽车紧急制动时，如果发动机与传动系统刚性连接，发动机转速将急剧下降，其所有零件将产生很大的惯性力矩，这一力矩作用于传动系统，会造成传动系统过载而使其机件损坏。加入离合器以后，当传动系统承受载荷超过离合器所能传递的最大转矩时，离合器就会通过主、从动部分之间的打滑来消除这一危险，从而起到过载保护的目的。

二、摩擦离合器的基本组成和工作原理

目前在汽车上广泛采用的离合器是摩擦离合器，摩擦离合器是指利用主、从动部分的摩擦作用来传递转矩的离合器。

1. 基本组成

摩擦离合器由主动部分、从动部分、压紧机构和操纵机构4部分组成，如图1-19所示。

（1）主动部分　主动部分包括飞轮、离合器盖和压盘。离合器盖用螺栓固定在飞轮上，压盘后端圆周上的凸台伸入离合器盖的窗口中，并可沿窗口轴向移动。这样，当发动机转动时，动力便经飞轮、离合器盖传到压盘，使其一起转动。

（2）从动部分　从动部分包括从动盘和从动轴。从动盘带有双面的摩擦衬片，离合器正常接合时分别与飞轮和压盘相接触；从动盘通过花键毂装在从动轴的花键上，从动

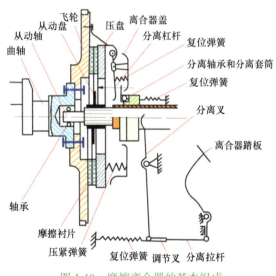

图1-19　摩擦离合器的基本组成

轴是手动变速器的输入轴，其前端通过轴承支承在曲轴后端的中心孔中，后端支承在变速器壳体上。

（3）压紧机构　压紧机构由若干根沿圆周均匀布置的压紧弹簧，它们装在压盘与离合器盖之间，用来将压盘和从动盘压向飞轮，使飞轮、从动盘和压盘三者压紧在一起。

（4）操纵机构　操纵机构是使离合器分离及柔和接合的一套机构，包括离合器踏板、分离拉杆及其调节叉、分离叉、分离套筒、分离轴承、分离杠杆、复位弹簧等。

2. 工作原理

（1）接合状态　离合器在接合状态下，操纵机构各部件在复位弹簧的作用下回到图1-19所示的各自位置，分离杠杆内端与分离轴承之间保持有一定的间隙，压紧弹簧将飞轮、从动盘和压盘三者压紧在一起，发动机的转矩经过飞轮及压盘，再通过从动盘两摩擦面的摩擦作用传给从动盘，再由从动轴输入变速器。

（2）分离过程　分离离合器时，驾驶人踩下离合器踏板，分离套筒和分离轴承在分离叉的推动下，先消除分离轴承与分离杠杆内端之间的间隙，然后推动分离杠杆内端前移，使分离杠杆外端带动压盘克服压紧弹簧作用力后移，摩擦作用消失，离合器的主、从动部分分离，中断动力传递。

（3）接合过程　接合离合器时，驾驶人缓慢抬起离合器踏板，在压紧弹簧的作用下，压盘向前移动并逐渐压紧从动盘，使接触面间的压力逐渐增加，摩擦力矩也逐渐增加；当飞轮、压盘和从动盘之间接合还不紧密时，所能传递的摩擦力矩较小，离合器的主、从动部分有转速差，离合器处于打滑状态；随着离合器踏板的逐渐抬起，飞轮、压盘和从动盘之间的压紧程度逐渐紧密，主、从动部分的转速也渐趋相等，直到离合器完全接合而停止打滑，接合过程结束。

3. 离合器自由间隙和离合器踏板自由行程

离合器在正常接合状态下，分离杠杆内端与分离轴承之间应留有一个间隙，一般为几毫米，这个间隙称为离合器自由间隙，如图1-20所示。如果没有自由间隙，从动盘摩擦衬片磨损变薄后压盘将不能向前移动压紧从动盘，这将导致离合器打滑，使离合器所能传递的转矩下降，车辆行驶无力，而且会加速从动盘的磨损。

为了消除离合器的自由间隙和操纵机构零件的弹性变形所需要的离合器踏板行程称为离合器踏板自由行程。可以通过拧动调节叉来改变分离拉杆的长度，以对离合器踏板自由行程进行调整。

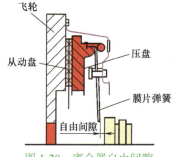

图1-20　离合器自由间隙

三、摩擦离合器的构造和原理

1. 摩擦离合器的结构类型

1）按从动盘的数目，离合器可以分为单片离合器和双片离合器。轿车、客车和部分中、小型载货汽车多采用单片离合器，因为发动机的最大转矩一般不是很大，单片从动盘就可以满足动力传递的要求；双片离合器由于增加了一片从动盘，使其在其他条件不变的情况下，比单片离合器所能传递的转矩增大一倍（由于一个从动盘是通过2个摩擦面传递动力，而两个从动盘则是通过4个摩擦面传递动力），多用于重型汽车上。

2）按压紧弹簧的形式，离合器可以分为周布弹簧离合器、中央弹簧离合器和膜片弹簧离合器。周布弹簧离合器和中央弹簧离合器均采用螺旋弹簧，分别沿压盘的圆周和中央布置；膜片弹簧离合器采用膜片弹簧。目前应用最广泛的是膜片弹簧离合器。

2. 膜片弹簧离合器

膜片弹簧离合器目前在各种类型的汽车上都得到广泛应用，其构造如图1-21和图1-22所示。

项目一　汽车传动系统检修

　　膜片弹簧离合器由主动部分、从动部分、压紧机构和操纵机构组成，操纵机构将在下一个课题中进行介绍。

　　主动部分由飞轮、离合器盖和压盘组成。离合器盖通过螺栓固定在飞轮上，为了保持正确的安装位置，离合器盖通过定位销进行定位。压盘与离合器盖之间通过周向均布的3组或4组传动片来传递转矩。传动片用弹簧钢片制成，每组两片，一端用铆钉铆在离合器盖上，另一端用螺钉连接在压盘上。

　　从动部分包括从动盘和从动轴，从动盘一般都带有扭转减振器。发动机传到传动系统的转速和转矩均是周期性变化的，导致传动系统产生扭转振动，这将使传动系统的零部件受到冲击性交变载荷，使使用寿命下降、零件损坏。采用扭转减振器可以有效地防止传动系统的扭转振动。带扭转减振器的从动盘的结构如图 1-23 所示。

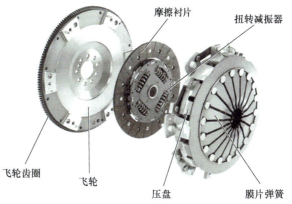

图 1-21　膜片弹簧离合器的构造

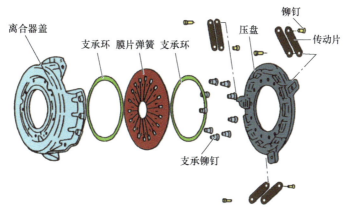

图 1-22　膜片弹簧离合器盖和压盘分解图

　　从动盘钢片外圆周铆接有波浪形弹簧钢片，摩擦衬片铆接在波浪形弹簧钢片上，从动盘钢片与减振器盘铆接在一起，这两者之间夹有摩擦垫圈和从动盘毂。从动盘毂、从动盘钢片和减振器盘上都有 6 个圆周均布的窗孔，减振弹簧装在窗孔中。

　　当从动盘受到转矩时，转矩从摩擦衬片传到从动盘钢片，再经减振弹簧传给从动盘毂，此时弹簧将被压缩，吸收发动机传来的扭转振动。

　　压紧机构是膜片弹簧，其径向开有若干切槽，形成弹性杠杆。切槽末端有圆孔，固定铆钉穿过圆孔，并固定在离合器盖上。膜片弹簧两侧装有钢丝支承环，这两个钢丝支承环是膜片弹簧工作时的支点。膜片弹簧的外缘通过分离钩与压盘联系起来。

　　膜片弹簧离合器的工作原理如图 1-24 所示。当离合器盖未安装到飞轮上时，膜片弹簧不受力而处于自由状态，此时离合器盖与飞轮之间有一距离 l（图 1-24a）。当离合器盖通过

19

螺栓固定在飞轮上时，离合器盖靠向飞轮，消除距离 l，后钢丝支承环压紧膜片使之发生弹性变形（锥角变小），此时膜片弹簧外端对压盘产生压紧力，使离合器处于接合状态（图1-24b）。当踩下离合器踏板时，分离轴承左移推动膜片弹簧，使膜片弹簧被压在前钢丝支承环上，其径向截面以支承环为支点转动（膜片弹簧呈反锥形），外圆周向后翘起，通过分离钩拉动压盘后移使离合器分离（图1-24c）。

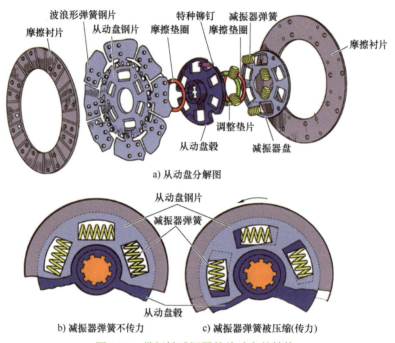

图1-23　带扭转减振器的从动盘的结构

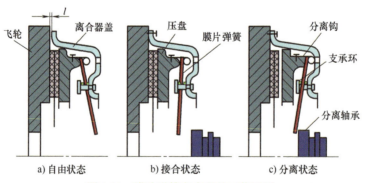

图1-24　膜片弹簧离合器的工作原理

从上面的介绍可以看出：①膜片弹簧兼起压紧弹簧和分离杠杆的双重作用，使离合器结构大为简化，并显著地缩短了离合器的轴向尺寸；②膜片弹簧与压盘在整个圆周方向上接触，压紧力分布均匀，摩擦衬片接触良好，磨损均匀；③膜片弹簧通过制造保证其内端处于同一平面，不存在分离杠杆工作高度的调整问题；④在离合器分离和接合过程中，膜片弹簧与分离钩及支承环之间为接触传力，不存在分离杠杆的运动干涉问题；⑤膜片弹簧具有非线性的弹性特性（图1-25），能随摩擦片的磨损自动调节压紧力，传动可靠，不易打滑，且离合器分离时操纵轻便；⑥膜片弹簧中心位于旋转轴线上，压紧力几乎不受离心力的影响，因而高速时压紧力稳定。由于膜片弹簧离合器具有上述一系列优点，因此，这种离合器在乘用车、轻型及中型货车上得到越来越广泛的应用，甚至在重型货车上也得到应用。

3. 周布弹簧离合器

下面仅以单片周布弹簧离合器为例进行简单介绍。

单片周布弹簧离合器的结构如图1-26所示。

（1）主动部分和从动部分　单片周布弹簧离合器的主动部分、从动部分的结构与膜片弹簧离合器基本相同。

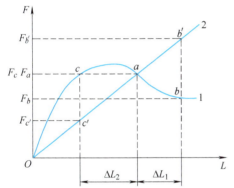

图1-25　膜片弹簧和螺旋弹簧的特性曲线
1—膜片弹簧　2—螺旋弹簧
ΔL_1—分离时弹簧变形量　ΔL_2—磨损后弹簧伸长量

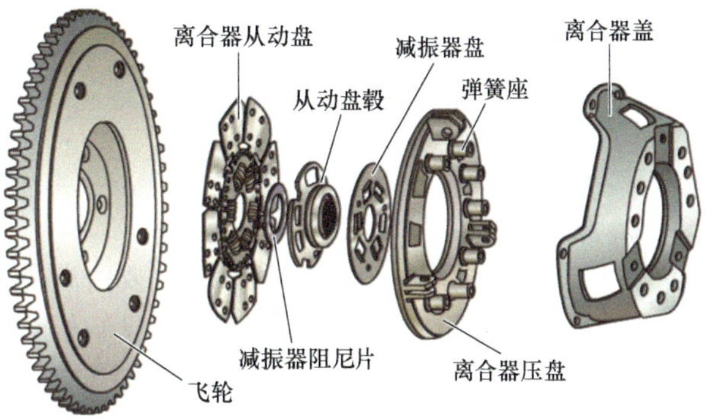

图1-26　单片周布弹簧离合器的结构

（2）压紧机构　单片周布弹簧离合器的压紧机构由若干根螺旋弹簧组成，螺旋弹簧沿压盘周向对称布置，装在压盘和离合器盖之间。

四、离合器操纵机构的结构和工作原理

离合器的操纵机构是驾驶人借以使离合器分离、又使之柔和接合的一套机构。

<u>按照分离离合器时所需操纵能源的不同，离合器操纵机构分为人力式和助力式两种。</u>人力式又可以分为机械式和液压式两种；助力式又可以分为气压助力式和弹簧助力式两种。人力式操纵机构是以驾驶人作用在踏板上的力作为唯一的操纵能源。助力式操纵机构除了驾驶人施加的力以外，一般主要以其他形式的能源作为操纵能源。

本部分主要介绍在乘用车中应用较多的机械式操纵机构、液压式操纵机构和弹簧助力式操纵机构，其中液压式操纵机构应用最多。

1. 机械式操纵机构

机械式操纵机构有杆系传动和绳索传动两种形式。

杆系传动机构如图1-27所示。该机构结构简单，工作可靠，广泛应用于各类型汽车上。例如东风EQ1090E型汽车即采用杆系传动机构。但杆传动中杆件间铰接多，摩擦损失大，车架或车身变形以及发动机位移时会影响其正常工作。

绳索传动机构如图1-28所示。该机构可消除杆系传动机构的一些缺点，并能采用便于驾驶人操纵的吊挂式踏板。但绳索使用寿命较短，拉伸刚度较小，故只适用于轻型、微型汽车。例如捷达、早期的桑塔纳，其离合器操纵机构就采用了绳索传动机构。

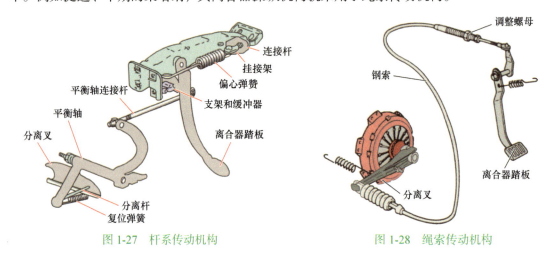

图1-27 杆系传动机构　　　　图1-28 绳索传动机构

2. 液压式操纵机构

液压式操纵机构如图1-29所示，主要由离合器主缸、离合器工作缸和管路系统等组成。目前液压式操纵机构在各类型车上应用广泛。

液压式操纵机构工作原理

（1）离合器主缸　离合器主缸的结构如图1-30所示，主缸体借补偿孔、进油孔通过进油软管与储液罐相通。主缸内装有活塞，活塞中部较细，且为"十"字形断面，使活塞右方的主缸内腔形成油室。活塞两端装有皮碗。活塞左端中部装有单向阀，经小孔与活塞右方主缸内腔的油室相通。当离合器踏板处于初始位置时，活塞左端皮碗位于补偿孔与进油孔之间，两孔均开放。

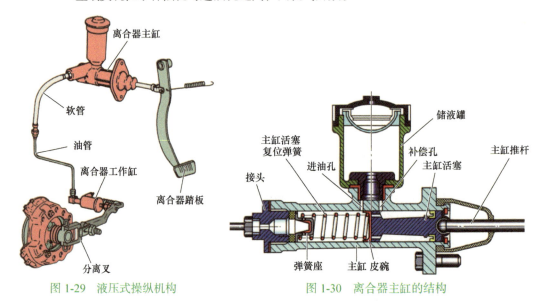

图1-29 液压式操纵机构　　　　图1-30 离合器主缸的结构

（2）离合器工作缸　离合器工作缸的结构如图1-31所示，工作缸内装有活塞、皮碗、推杆等，缸体上还设有放气螺塞。当管路内有空气而影响操纵时，可拧松放气螺塞进行放气。离合器工作缸活塞直径略大于离合器主缸活塞直径，故液压系统具有增力作用，以使操纵轻便。

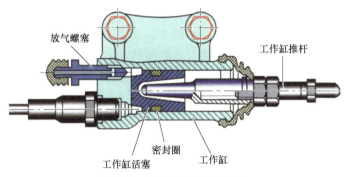

图 1-31　离合器工作缸的结构

（3）工作情况

1）分离过程。当驾驶人踩下离合器踏板时，通过离合器主缸推杆使离合器主缸活塞向左移动，此时止回阀关闭。当离合器主缸活塞移动到将进油孔关闭后，管路中的油压上升，在该油压的作用下，离合器工作缸中的活塞和推杆被推动向右移动，直接推动离合器分离叉和分离轴承移动，通过膜片弹簧使压盘后移，解除对从动盘的压紧力，使离合器处于分离状态。

2）接合过程。当驾驶人放松离合器踏板时，离合器主缸推杆、活塞及离合器工作缸推杆、活塞在各自复位弹簧和膜片弹簧的作用下，回到初始位置，油液经进油孔流回到储液罐。压盘在膜片弹簧的作用下，将从动盘压紧在压盘和飞轮之间，从动盘利用其和压盘、飞轮接触面的摩擦作用将发动机转矩传给变速器，离合器处于接合状态。

3）补偿过程。当迅速放松离合器踏板时，在复位弹簧的作用下，离合器主缸活塞快速右移。由于油液在管路中流动有一定阻力，流动较慢，因此活塞左腔就形成一定的真空度。在这一真空度的作用下，储液罐中的油液从补偿孔经离合器主缸活塞上的止回阀流入活塞左腔以弥补左腔的真空度。当已由离合器主缸压到离合器工作缸的油液重又流回到离合器主缸时，由于已有少量补偿油经止回阀流入，故总油量过多，多余的油即从进油孔流回储液罐。当液压系统因漏油或温度变化引起油液容积变化时，可借补偿孔适时地使整个油路中的油量得到适当地增减，以保证正常油压和液压系统工作的可靠性。

3. 弹簧助力式操纵机构

为了尽可能减小作用于离合器踏板上的力，减轻驾驶人的劳动强度，有的汽车离合器操纵机构采用弹簧助力式操纵机构。

弹簧助力式操纵机构如图 1-32 所示。当离

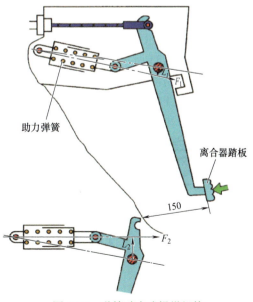

图 1-32　弹簧助力式操纵机构

合器踏板完全放松时，即离合器接合，此时助力弹簧轴线位于离合器踏板转轴下方。踩下离合器踏板，离合器踏板绕自身转轴沿顺时针方向转动，压缩助力弹簧，此时助力弹簧实际是起阻碍作用的，即助力弹簧的伸张力产生一个阻碍离合器踏板转动的逆时针力矩 $M_1 = F_1 L_1$，但这个力矩是比较小的。当离合器踏板转动到助力弹簧的轴线与离合器踏板转轴处于一条直线上时，该阻碍力矩为零。随着离合器踏板的进一步踩下，助力弹簧轴线位于离合器踏板转轴上方，此时助力弹簧的伸张力产生一个有助于离合器踏板转动的顺时针力矩 $M_2 = F_2 L_2$。离合器踏板后段行程是最需要助力的，因而这种弹簧助力式操纵机构可以有效地减轻驾驶人疲劳。

任务实施

一、任务实施的环境与条件

1）拆装及检修前，车辆可靠驻停。
2）正确选用拆装与检修工具。
3）相关车型维修手册。
4）发动机技术状况良好。
5）仪器操作手册。
6）注意环保及安全操作。

二、任务实施的步骤

下面以卡罗拉（1.6L）乘用车为例，介绍离合器的检修方法。

1. 离合器油液位高度的检查与液压系统放气

注意：如果离合器油接触到任何涂漆表面，请立即进行清洗。如果要对离合器系统进行任何操作或怀疑离合器管路内有空气进入，则对离合器液压系统进行放气。

（1）检查储液罐中的离合器油（制动液）

1）如图 1-33 所示，检查储液罐中制动液液位是否处于 MIN 线与 MAX 线之间。
2）如果制动液液位低于 MIN 线，检查是否泄漏，给储液罐加注制动液（制动液型号：SAE J1703 或 FMVSS No.116 DOT 3），如图 1-34 所示。

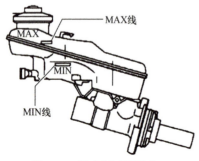

图 1-33　检查制动液液位

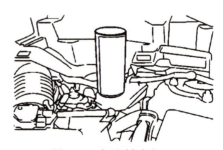

图 1-34　加注制动液

（2）对离合器液压系统进行放气

1）拆下放气螺塞盖。

2）将塑料软管连接至放气螺塞，如图 1-35 所示。

3）踩下离合器踏板数次，并在踩下离合器踏板时松开放气螺塞，如图 1-36 所示。

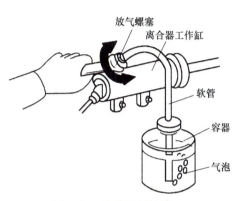

图 1-35　连接塑料软管

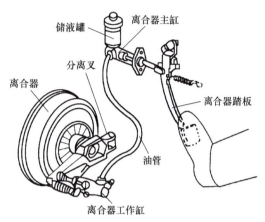

图 1-36　踩下离合器踏板

4）离合器油不再外流时，拧紧放气螺塞，然后松开离合器踏板。

5）重复前两步操作直至离合器油中的空气全部放出。

6）拧紧放气螺塞，拧紧力矩为 8.3N·m。

7）安装放气螺塞盖。

8）检查并确认离合器管路中的空气已全部放出。

（3）重新检查储液罐中的制动液液位　检查储液罐中的制动液液位是否处于 MIN 线与 MAX 线之间，若不足，则添加至规定值。

2. 检查和调整离合器踏板位置

（1）检查并调整离合器踏板高度

1）翻起地毯。

2）检查并确认离合器踏板高度，如图 1-37 所示。离合器踏板高度（离合器踏板距离地板的高度）为 143.6~153.6mm。

3）松开锁紧螺母并转动限位螺栓直至获得正确高度。

4）拧紧锁紧螺母，拧紧力矩为 16N·m。

（2）检查离合器踏板自由行程和推杆行程

1）检查并确认离合器踏板自由行程和推杆行程，如图 1-38 所示。

① 踩下离合器踏板直至开始感觉到离合器阻力。离合器踏板自由行程为 5.0~15.0mm。

② 轻轻踩下离合器踏板直至阻力开始增大。离

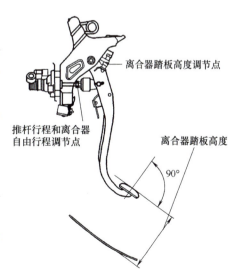

图 1-37　检查并确认离合器踏板高度

合器踏板顶端处的推杆行程为1.0~5.0mm。

2）如有必要，调整离合器踏板自由行程和推杆行程。

① 松开锁紧螺母并转动推杆直至获得正确的离合器踏板自由行程和推杆行程。

② 拧紧锁紧螺母，拧紧力矩为12N·m。

③ 调整好离合器踏板自由行程后，检查离合器踏板高度。

（3）检查离合器分离点

1）拉紧驻车制动杆并安装车轮止动楔。

2）起动发动机并使其怠速运转。

3）未踩下离合器踏板时，缓慢移动变速杆至倒档直至齿轮接触。

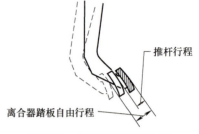

图1-38　检查并确认离合器踏板自由行程和推杆行程

4）逐渐踩下离合器踏板，并测量从齿轮噪声停止点（分离点）到离合器踏板行程终点位置的行程距离，如图1-39所示。

标准距离应不小于25mm（从离合器踏板行程终点位置到分离点）。如果该距离不符合规定，则执行以下程序：

① 检查离合器踏板高度。

② 检查推杆行程和离合器踏板自由行程。

③ 对离合器管路进行放气。

④ 检查离合器盖和离合器从动盘。

3. 检查离合器从动盘总成

1）如图1-40所示，用游标卡尺测量离合器从动盘总成铆钉深度（最小铆钉深度为0.3mm）。如有必要，更换离合器从动盘总成。

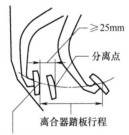

图1-39　离合器分离点的检查

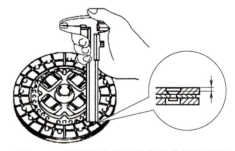

图1-40　测量离合器从动盘总成铆钉深度

2）将离合器从动盘总成安装至手动变速驱动桥总成上。

注意： 按正确方向插入离合器从动盘总成。

3）如图1-41所示，用百分表测量离合器从动盘总成的径向圆跳动（最大径向圆跳动为0.8mm）。如有必要，更换离合器从动盘总成。

4. 检查离合器盖总成

如图1-42所示，用游标卡尺测量膜片弹簧磨损的深度和宽度（最大磨损深度A为

0.5mm；最大磨损宽度 B 为 6.0mm）。如有必要，更换离合器盖总成。

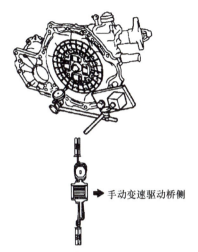

图 1-41　测量离合器从动盘总成的径向圆跳动

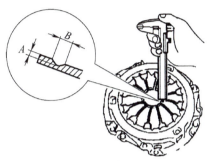

图 1-42　测量膜片弹簧磨损的深度和宽度

5. 检查飞轮分总成

如图 1-43 所示，用百分表测量飞轮分总成的径向圆跳动（最大径向圆跳动为 0.1mm）。如有必要，更换飞轮分总成。

6. 检查离合器分离轴承总成

1）轴向施力，旋转离合器分离轴承总成的滑动部件，检查并确认离合器分离轴承总成移动平稳且无异常阻力，如图 1-44 所示。

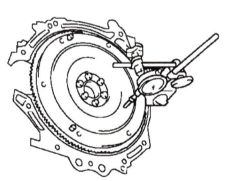

图 1-43　测量飞轮分总成的径向圆跳动

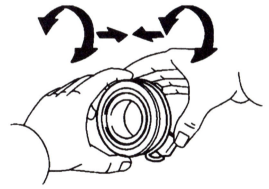

图 1-44　检查分离轴承

2）检查离合器分离轴承总成是否损坏或磨损。如有必要，更换分离轴承总成。

三、技能训练及相关实践知识

汽车离合器检修技能训练

【训练任务】客户反映他所驾驶的乘用车用低速档起步时，放松离合器踏板后，汽车不能起步或起步困难；汽车加速行驶时，车速不能随发动机转速的提高而提高，感到行驶无力，严重时产生焦糊味或冒烟等现象。维修人员需对汽车离合器进行检修，并向客户解释故障产生的原因。

【训练建议】以小组形式完成。制订故障诊断与排除的基本流程，并按要求逐项填写技能训练评价表。

【评价建议】可用如下技能训练评价表对学生操作技能进行评价。

技能训练评价表

学生姓名					
测评日期		测评地点			
测评内容	汽车离合器检修				
考评标准	内容	分值/分	自评	互评	师评
	离合器油液位高度的检查与液压系统放气	20			
	检查和调整离合器踏板位置	20			
	检查离合器从动盘总成	15			
	检查离合器盖总成	15			
	检查飞轮分总成	15			
	检查离合器分离轴承总成	15			
	合计	100			
最终得分（自评30% + 互评30% + 师评40%）					

说明：测评满分为100分，60~74分为及格，75~84分为良好，85分以上为优秀。60分以下的学生，需重新进行知识学习、任务训练，直到任务完成达到合格为止

>>>>>> 归纳总结

汽车离合器的功用是使发动机与传动系统逐渐接合，保证汽车平稳起步；暂时切断发动机的动力传递，保证变速器换档平顺；限制所传递的转矩，防止传动系统过载。摩擦离合器由主动部分、从动部分、压紧机构和操纵机构4部分组成。膜片弹簧离合器目前在各种类型的汽车上都广泛应用。离合器的操纵机构是驾驶人借以使离合器分离、又使之柔和接合的一套机构。液压式操纵机构主要由离合器主缸、工作缸和管路系统等组成。

思考题

1. 简述离合器的具体功用和基本工作原理。
2. 离合器自由间隙和离合器踏板自由行程是什么？
3. 简述膜片弹簧离合器的结构特点和工作原理。
4. 简述离合器操纵机构的种类、基本组成及工作原理。
5. 简述离合器油液位高度的检查与液压系统放气的方法。
6. 简述检查和调整离合器踏板位置的方法。
7. 简述离合器从动盘总成、离合器盖总成、飞轮分总成和离合器分离轴承总成的检查方法。

拓展提高

间隙自调离合器

普通离合器的从动盘摩擦片磨损后会导致离合器踏板自由行程发生改变，使驾驶人在操纵离合器踏板时脚部感觉有变化。当采用间隙自调离合器时，间隙自调装置可以自动调整和补偿离合器踏板自由行程，保证在车辆运行过程中不需要调整离合器踏板自由行程，可增加驾驶人在操纵离合器时的舒适性。间隙自调离合器的结构如图 1-45a、b 所示。

如图 1-45c、d 所示，当驾驶人踩下离合器踏板时，离合器踏板的行程变长（离合器踏板自由行程变小），此时，膜片弹簧中间支撑的传感器被压缩，于是中间支撑离开了支点，在小螺旋弹簧的作用下，调整环转动，向上运动，由于调整环与压盘的接触是楔形，于是补偿了他们之间的间隙。当驾驶人松开离合器踏板时，调整环锁止在新的位置，从而补偿了间隙的变化。

a) 间隙自调离合器结构图

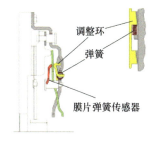

b) 间隙自调离合器剖面图

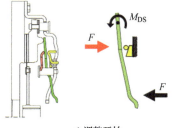

c) 调整开始

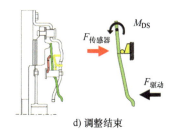

d) 调整结束

图 1-45 间隙自调离合器的结构

任务三　汽车手动变速器检修

知识点：①变速器的功用。②变速器的类型。③普通齿轮传动的基本原理。④手动变速器变速传动机构的结构和工作原理。⑤同步器的结构和工作原理。⑥手动变速器操纵机构的结构和工作原理。

能力点：汽车手动变速器的检修。

任务情境

汽车手动变速器检修

客户的车进店修理，该车为手动变速器轿车，该车在加速、减速、爬坡或汽车剧烈振动时，变速杆会自动跳回空档位置。师傅让维修工小李对车辆进行检查，查找并排除故障。小李很快上手，并完成了这项任务。

任务分析

该任务是检修手动变速器操纵机构。完成此任务需要了解变速器的功用、类型；掌握普通齿轮传动的基本原理；掌握手动变速器变速传动机构的结构和工作原理；掌握同步器的结构和工作原理；掌握手动变速器操纵机构的结构和工作原理；掌握汽车手动变速器的检修方法。

相关专业知识

一、变速器的功用

1. 实现变速、变矩

汽车上的发动机具有转矩变化范围小、转速高的特点，无法适应汽车实际的行驶状况，所以必须改变发动机的转矩、转速特性，使发动机的转矩增大、转速下降以适应汽车实际行驶的要求。变速器可通过不同的档位来实现这一功用。

2. 实现倒车

发动机的旋转方向从前往后看为顺时针方向，且不能改变，为了实现汽车的倒向行驶，变速器中设置了倒档。

3. 实现中断动力传动

在发动机起动和怠速运转、变速器换档、汽车滑行和暂时停车等情况下，都需要中断发动机的动力传动，因此变速器中设有空档。

二、变速器的类型

现代汽车上所采用的变速器有多种结构形式，一般可以按照传动比和操纵方式进行分类。

1. 按传动比的变化方式分类

变速器按传动比的级数，可分为有级式、无级式和综合式3种。

（1）有级式变速器　有级式变速器采用齿轮传动，具有若干个定值传动比。轿车和轻、中型货车的变速器多采用3~5个前进档和一个倒档，每个档位对应一个传动比。重型汽车行驶的路况复杂，变速器的档位较多，可有8~20个档位。

注意：变速器的档数都是指前进档的个数。

按所采用齿轮机构的不同，有级变速器又可分为普通齿轮变速器（也称为固定轴式齿轮变速器或定轴轮系变速器）和行星齿轮变速器（也称为旋转轴式齿轮变速器或周转轮系变速器）两类。

齿轮式变速器具有结构简单、易于制造、工作可靠、传动效率高等优点。

（2）无级式变速器　无级式变速器英文缩写为CVT，它的传动比的变化是连续的。目前所使用的无级式变速器一般都是采用金属带传递动力，通过主、从动带轮直径的变化实现无级变速。

（3）综合式变速器　综合式变速器是由液力变矩器和有级齿轮式变速器组成的，一般都是自动换档的，所以多把这种变速器称为自动变速器。这种变速器的传动比可在最大值与最小值之间的几个间断的范围内做无级变化。

2. 按变速器操纵方式分类

按变速器操纵方式，变速器可分为手动变速器、自动变速器和手动自动一体变速器3种。

（1）手动变速器　手动变速器（Manual Transmission，MT）通过驾驶人用手操纵变速杆来选定档位，并直接操纵变速器的换档机构进行档位变换。齿轮式有级变速器大多数都采用这种换档方式。

（2）自动变速器　自动变速器（Automatic Transmission，AT）的自动控制系统可以根据发动机的负荷和车速的变化情况自动选定档位，并进行档位变换，即自动地改变传动比。驾驶人只需要操纵加速踏板就可以控制车速。

（3）手动自动一体变速器　这种变速器可以自动换档，也可以手动换档。

三、普通齿轮传动的基本原理

普通齿轮式变速器是利用不同齿数的齿轮啮合传动来实现转矩和转速的改变。

齿轮传动的基本原理如图1-46所示。一对齿数不同的齿轮啮合传动时可以实现变速，而且两齿轮的转速比与其齿数成反比。设主动齿轮转速为n_1，齿数为z_1，从动齿轮转速为n_2，齿数为z_2。主动齿轮（即输入轴）转速与从动齿轮（即输出轴）转速的比值称为传动比，用字母i_{12}表示。即由1传到2的传动比为

$$i_{12}=n_1/n_2=z_2/z_1$$

当小齿轮为主动齿轮，带动大齿轮转动时，输出转速降低，即 $n_2<n_1$，称为减速传动，此时传动比 $i>1$（图 1-46a）；当大齿轮为主动齿轮驱动小齿轮时，输出转速升高，即 $n_2>n_1$，称为增速传动，此时传动比 $i<1$（图 1-46b）。这就是齿轮传动的变速原理。汽车变速器就是根据这一原理利用若干大小不同的齿轮副传动而实现变速的。

图 1-47 所示为两级齿轮传动示意图，齿轮 1 为主动齿轮，驱动齿轮 2 转动，齿轮 3 与齿轮 2 固连在一起，再驱动齿轮 4 转动并输出动力，此时由齿轮 1 传到齿轮 4 的传动比为

$$i_{14} = n_1/n_4 = (z_2 z_4)/(z_1 z_3) = i_{12} i_{34}$$

因此，可以总结得到多级齿轮传动的传动比为

$i=$ 所有从动齿轮齿数的乘积 / 所有主动齿轮齿数的乘积 = 各级齿轮传动比的乘积

对于变速器，各档的传动比 i 就是变速器输入轴转速与输出轴转速之比，即

$$i = n_{输入}/n_{输出} = T_{输出}/T_{输入}$$

当 $i>1$ 时，$n_{输出}<n_{输入}$，$T_{输出}>T_{输入}$，此时实现降速增矩，为变速器的低速档，且 i 越大，档位越低；当 $i=1$ 时，$n_{输出}=n_{输入}$，$T_{输出}=T_{输入}$，为变速器的直接档；当 $i<1$ 时，$n_{输出}>n_{输入}$，$T_{输出}<T_{输入}$，此时实现升速降矩，为变速器的超速档。

普通齿轮传动基本原理

多级齿轮传动基本原理

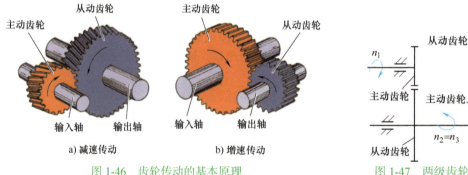

图 1-46 齿轮传动的基本原理　　　　　图 1-47 两级齿轮传动示意图

如图 1-48 所示，外啮合的 1 对齿轮传动，两齿轮旋转方向相反，每经 1 级传动副，其输出轴就改变 1 次旋转方向，变速器就是通过增加 1 级齿轮传动副来实现倒档的。

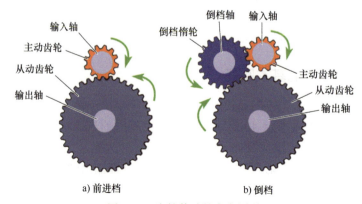

图 1-48 齿轮传动的变向原理

四、手动变速器变速传动机构的结构和工作原理

手动变速器包括变速传动机构和操纵机构两大部分（图 1-49）。变速传动机构的主要作用是改变转矩的大小和方向；操纵机构的作用是实现换档。

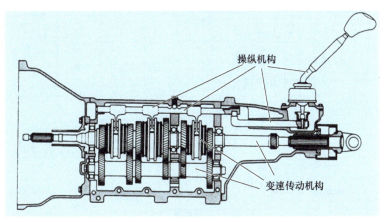

图 1-49　手动变速器的组成

变速传动机构是变速器的主体，按工作轴（不包括倒档轴）数量的不同，变速器可分为二轴式变速器和三轴式变速器。

1. 二轴式变速器的变速传动机构

二轴式变速器用于发动机前置前轮驱动的汽车，一般与驱动桥（前桥）合称为手动变速驱动桥。目前，我国常见的国产乘用车多数采用这种变速器。

前置发动机有纵向布置和横向布置 2 种形式，与其配用的二轴式变速器也有两种不同的结构形式，分别如图 1-50 和图 1-51 所示。发动机纵置时，主减速器采用一对锥齿轮；发动机横置时，主减速器采用一对圆柱齿轮。

图 1-52 所示为发动机横置前轮驱动二轴式 5 档手动变速器的变速传动机构。

变速器各档的动力传递路线如下：

（1）1 档　操纵变速杆，挂入 1 档，从动轴上的 1 档 /2 档同步器接合套左

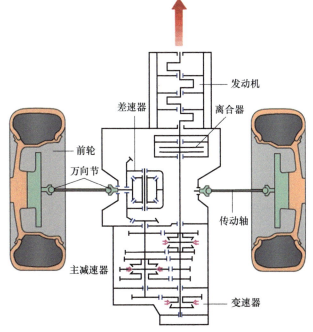

图 1-50　发动机纵置二轴式变速器传动示意图

移，与从动轴 1 档齿轮接合齿圈接合，实现：动力输入→主动轴→主动轴 1 档齿轮→从动轴 1 档齿轮→1 档 /2 档同步器→从动轴→主减速器主动齿轮→主减速器从动齿轮→动力输出，如图 1-53 所示。

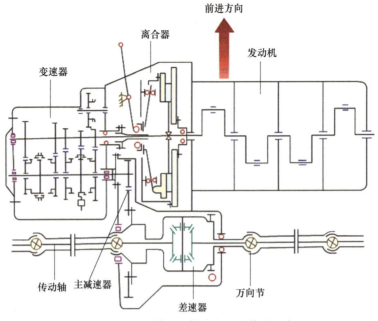

图 1-51　发动机横置二轴式变速器传动示意图

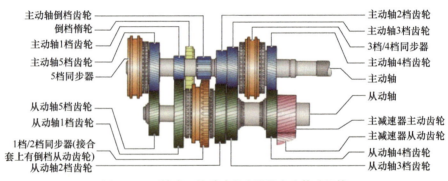

图 1-52　二轴式 5 档手动变速器的变速传动机构

（2）2 档　操纵变速杆，挂入 2 档，将从动轴上的 1 档/2 档同步器的接合套右移，与从动轴 2 档齿轮接合齿圈接合，实现：动力输入→主动轴→主动轴 2 档齿轮→从动轴 2 档齿轮→1 档/2 档同步器→从动轴→主减速器主动齿轮→主减速器从动齿轮→动力输出，如图 1-54 所示。

（3）3 档　操纵变速杆，挂入 3 档，主动轴上的 3 档/4 档同步器接合套左移，与主动轴 3 档齿轮接合齿圈接合，实现：动力输入→主动轴→3 档/4 档同步器→主动轴 3 档齿轮→从动轴 3 档齿轮→从动轴→主减速器主动齿轮→主减速器从动齿轮→动力输出，如图 1-55 所示。

（4）4 档　操纵变速杆，挂入 4 档，主动轴上的 3 档/4 档同步器接合套右移，与主动轴 4 档齿轮接合齿圈接合，实现：动力输入→主动轴→3 档/4 档同步器→主动轴 4 档齿轮→从动轴 4 档齿轮→从动轴→主减速器主动齿轮→主减速器从动齿轮→动力输出，如图 1-56 所示。

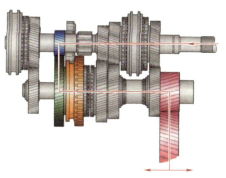

图 1-53　1 档动力传递路线

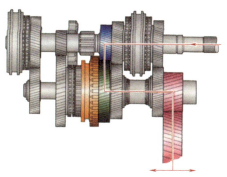

图 1-54　2 档动力传递路线

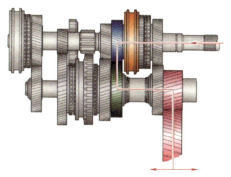

图 1-55　3 档动力传递路线

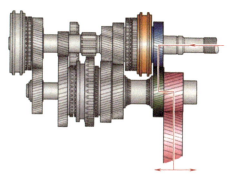

图 1-56　4 档动力传递路线

（5）5 档　操纵变速杆，挂入 5 档，主动轴 5 档同步器接合套右移，与主动轴 5 档齿轮接合齿圈接合，实现：动力输入→主动轴→5 档同步器→主动轴 5 档齿轮→从动轴 5 档齿轮→从动轴→主减速器主动齿轮→主减速器从动齿轮→动力输出，如图 1-57 所示。

（6）倒档　操纵变速杆，挂入倒档，倒档轴上的倒档惰轮右移，与主动轴倒档齿轮、1 档 /2 档同步器接合套上的倒档从动齿轮同时接合，实现：动力输入→主动轴→主动轴倒档齿轮→倒档惰轮→1 档 /2 档同步器接合套上的倒档从动齿轮→从动轴→主减速器主动齿轮→主减速器从动齿轮→动力反向输出，如图 1-58 所示。

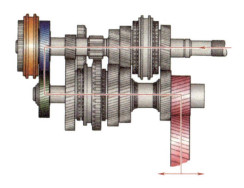

图 1-57　5 档动力传递路线

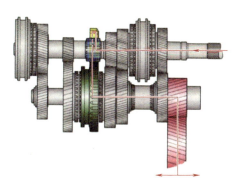

图 1-58　倒档动力传递路线

2. 三轴式变速器的变速传动机构

三轴式变速器用于发动机前置后轮驱动的汽车，其变速传动机构的结构简图如图 1-59 所示。该变速器有 3 根主要的传动轴（第 1 轴、第 2 轴和中间轴），所以称为三轴式变速器。另外还有倒档轴。

该变速器为 5 档手动变速器，各档传动情况如下：

（1）空档　第 2 轴上的各接合套、传动齿轮均处于中间空转的位置，动力不传给第 2 轴。

（2）1 档　前移第 2 轴 1 档 / 倒档直齿滑动齿轮 12 与中间轴 1 档 / 倒档齿轮 18 啮合。动力依次经第 1 轴常啮合齿轮 2、中间轴常啮合齿轮 23、中间轴 1 档 / 倒档齿轮 18、第 2 轴 1 档 / 倒档直齿滑动齿轮 12，传递到第 2 轴使其沿顺时针方向旋转（与第 1 轴同向）。

（3）2 档　后移接合套 9 与 2 档齿轮接合齿圈 10 啮合。动力依次经齿轮 2、23、20、11、接合齿圈 10、接合套 9、花键毂 24，传递到第 2 轴使其沿顺时针方向旋转。

（4）3 档　前移接合套 9 与 3 档齿轮接合齿圈 8 啮合。动力依次经齿轮 2、23、21、7、接合齿圈 8、接合套 9、花键毂 24，传递到第 2 轴使其沿顺时针方向旋转。

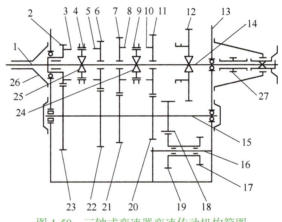

图 1-59　三轴式变速器变速传动机构简图

1—第 1 轴　2—第 1 轴常啮合齿轮　3—第 1 轴常啮合齿轮接合齿圈　4、9—接合套　5—4 档齿轮接合齿圈
6—第 2 轴 4 档齿轮　7—第 2 轴 3 档齿轮　8—3 档齿轮接合齿圈　10—2 档齿轮接合齿圈　11—第 2 轴 2 档齿轮
12—第 2 轴 1 档 / 倒档直齿滑动齿轮　13—变速器壳体　14—第 2 轴　15—中间轴　16—倒档轴
17、19—倒档中间齿轮　18—中间轴 1 档 / 倒档齿轮　20—中间轴 2 档齿轮　21—中间轴 3 档齿轮
22—中间轴 4 档齿轮　23—中间轴常啮合齿轮　24、25—花键毂　26—第 1 轴轴承盖　27—回油螺纹

（5）4 档　后移接合套 4 与 4 档齿轮接合齿圈 5 啮合。动力依次经齿轮 2、23、22、6、接合齿圈 5、接合套 4、花键毂 25，传递到第 2 轴使其沿顺时针方向旋转。

（6）5 档　前移接合套 4 与第 1 轴常啮合齿轮接合齿圈 3 啮合。动力直接由第 1 轴、齿轮 2、接合齿圈 3、接合套 4、花键毂 25，传递到第 2 轴，传动比为 1。由于第 2 轴的转速与第 1 轴相同，故此档称为直接档。

（7）倒档　后移第 2 轴上的 1 档 / 倒档直齿滑动齿轮 12 与倒档齿轮 17 啮合。动力经齿轮 2、23、18、19、17、12，传递给第 2 轴使其沿逆时针方向旋转，实现汽车倒向行驶。倒档的动力传递路线与其他档位相比，由于加入倒档中间齿轮的传动，所以可以改变第 2 轴的旋转方向。

五、同步器的结构和工作原理

目前汽车中的手动有级式变速器的换档方式有两种，一种是采用直齿滑动齿轮换档；另一种是采用同步器换档。目前汽车变速器大多采用同步器进行换档。

1. 同步器的功用

（1）功用 同步器的功用是使接合套与待啮合的齿圈迅速同步，缩短换档时间；且防止在同步前啮合而产生换档冲击。

（2）无同步器的换档过程 以无同步器5档变速器的4档、5档互换为例进行介绍，图1-60所示为其简图，二者采用接合套进行换档。

1）低速档换高速档（4档换5档）。变速器在4档工作时，接合套3与第2轴4档齿轮4上的接合齿圈啮合，两者接合齿圆周速度$v_3=v_4$。欲换入5档时，驾驶人先踩下离合器踏板，离合器分离，再通过变速操纵机构将接合套3左移，处于空档位置。此时仍是$v_3=v_4$，因第2轴4档齿轮4的转速低于第1轴常啮合齿轮2的转速，

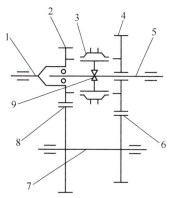

图1-60 无同步器5档变速器的4档、5档简图
1—第1轴 2—第1轴常啮合齿轮 3—接合套 4—第2轴4档齿轮
5—第2轴 6—中间轴4档齿轮 7—中间轴
8—中间轴常啮合齿轮 9—花键毂

圆周速度$v_4<v_2$。所以在换入空档的瞬间，$v_3<v_2$，为避免齿轮冲击，不应立即换入5档，应先在空档停留片刻。在空档位置时，变速器输入轴各零件已断开与发动机间的动力传递且转动惯量较小，再加上中间轴齿轮有搅油阻力，所以v_2下降较快，如图1-61a所示；而整个汽车的转动惯性大，导致接合套3（与第2轴转速相同）的圆周速度v_3下降慢（图1-61a中两直线v_3、v_2的倾斜度不同而相交，交点即为同步状态，即$v_3=v_2$）。此时将接合套左移与齿轮2上的齿圈啮合挂入5档，不会产生冲击。但自然减速出现同步的时刻太晚，故应在摘下4档后，立即抬起离合器踏板，利用发动机怠速工况迫使第1轴更快地减速，v_2下降较快（图1-61a中虚线），同步点提早出现，缩短了换档时间。

2）高速档换低速档（5档换4档）。变速器在5档工作时以及由5档换入空档的瞬间，接合套3与第1轴常啮合齿轮2上的接合齿圈的圆周速度相同，即$v_3=v_2$，因$v_2>v_4$，故$v_3>v_4$（图1-61b）。但在空档时，v_4下降得比v_3快，即v_4与v_3不会出现相交点，不可能达到自然同步状态。所以驾驶人应在变速器退回空档后，立即抬起离合器踏板，同时踩下加速踏板，使发

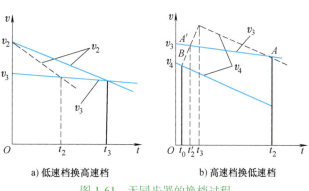

a）低速档换高速档　　b）高速档换低速档
图1-61 无同步器的换档过程

动机连同离合器从动盘和第1轴都从 B 点开始升速，让 $v_4>v_3$（图 1-61b 中虚线），再踩下离合器踏板稍等片刻，$v_3=v_4$（同步点 A），即可换入 4 档。

图 1-61b 中还有一次同步时刻 A'，利用这一点也可以缩短换档时间，但由于此点是在踩踏加速踏板的过程中出现的，因此要求驾驶人具有熟练的操作技能。

由此可见，欲使无同步器变速器换档时不产生换档冲击，需采取较复杂的操作，不仅易使驾驶人产生疲劳，还会降低齿轮的使用寿命。

2. 同步器的构造及工作原理

同步器是在接合套的基础上进一步发展起来的，目前所采用的同步器几乎都是摩擦式惯性同步器，按锁止装置的不同，可分为锁环式惯性同步器和锁销式惯性同步器。锁环式惯性同步器尺寸小、结构紧凑、摩擦力矩也小，多用于乘用车和轻型车辆；锁销式惯性同步器摩擦力矩大，多用于中型以上载货汽车。

（1）锁环式惯性同步器　锁环式惯性同步器的结构如图 1-62 所示，花键毂用内花键套装在轴的外花键上，用垫圈、卡环轴向定位。3个滑块分别装在花键毂上3个均布的轴向槽内，沿槽可以轴向移动。花键毂两端与齿轮的接合齿圈之间各有1个青铜制成的锁环（即同步环）。锁环的内锥面上制有细密螺旋槽，以使其与接合齿圈锥面相接触后，能破坏油膜，从而增加锥面的摩擦力；锁环上也开有3个缺口，3个滑块可插入其内；另外，在锁环上还制有短花键齿圈，它的尺寸、齿数和花键毂上的花键齿相同，且对着接合套一端的短齿都有倒角，与接合套齿端的倒角相同，起锁止作用，故称为锁止角。

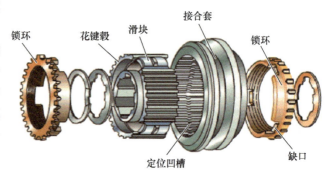

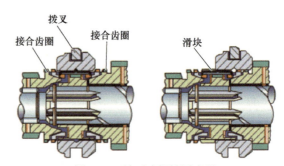

图 1-62　锁环式惯性同步器

下面以 2 档换 3 档为例，说明同步器的工作原理，如图 1-63 所示。

1）空档位置。接合套刚从 2 档退入空档时，如图 1-63a 所示，3 档齿轮、接合套、锁环以及与其有关联的运动件，因惯性作用而沿原方向继续旋转（图示箭头方向）。由于待啮合齿轮的接合齿圈是高档齿轮（相对于 2 档齿轮来说），所以接合套、锁环的转速低于待啮合齿轮接合齿圈的转速。

2）挂档。欲换入 3 档时，驾驶人通过变速杆使拨叉推动接合套连同滑块一起向左移动，如图 1-63b 所示，滑块又推动锁环移向待啮合齿轮的接合齿圈，使锥面接触。驾驶人作用在接合套上的轴向推力，使两锥面有正压力，又因两者有转速差，所以产生摩擦力矩。通过摩擦作用，齿轮带动锁环相对于接合套向前转动一个角度，使锁环缺口靠在滑块的另一侧（上侧）为止，此时接合套的内齿与锁环上的花键齿圈错开了约半个齿宽，接合套的齿端倒角面与锁环的齿端倒角面互相抵住。

3）锁止。驾驶人的轴向推力使接合套的齿端倒角面与锁环的齿端倒角面之间产生正压力，形成一个企图拨动锁环相对于接合套反转的力矩，称为拨环力矩。这样在锁环上同时作用着方向相反的摩擦力矩和拨环力矩，同步器的结构参数可以保证在同步前（存在摩擦力矩）拨环力矩始终小于摩擦力矩，所以在同步之前无论驾驶人施加多大的操纵力，都不会挂上档，即产生锁止作用。

4）同步啮合。随着驾驶人施加于接合套上的推力加大，摩擦力矩不断增加，使待啮合的齿轮转速迅速降低。当待啮合

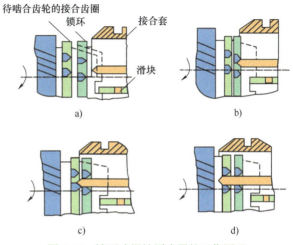

图 1-63 锁环式惯性同步器的工作原理

齿轮的接合齿圈、接合套和锁环达到同步时，作用在锁环上的摩擦力矩消失，此时在拨环力矩的作用下，锁环、待啮合齿轮的接合齿圈以及与之相连的各零件相对于接合套反转一个角度，滑块处于锁环缺口的中央，如图 1-63c 所示，齿端倒角不再抵触，锁环的锁止作用消除。接合套压下弹簧圈继续左移（滑块脱离接合套的内环槽而不能左移），与锁环的花键齿圈进入啮合，进而再与待啮合齿轮的接合齿圈进入啮合，如图 1-63d 所示，换入 3 档。

（2）锁销式惯性同步器　大、中型载货汽车普遍采用锁销式惯性同步器，5 档变速器的 4 档/5 档锁销式惯性同步器的结构如图 1-64 所示。

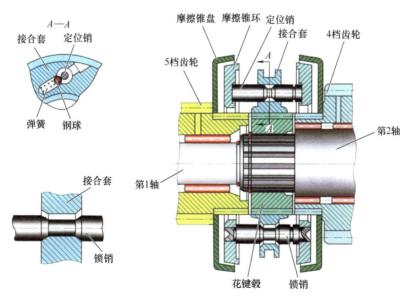

图 1-64 锁销式惯性同步器的结构

两个带有内锥面的摩擦锥盘，以其内花键分别固装在带有接合齿圈的第 1 轴 5 档齿轮和第 2 轴 4 档齿轮上，随齿轮一起转动。两个有外锥面的摩擦锥环，其上装有圆周均布的 3 个锁销和 3 个定位销，这些零件与接合套装在一起。定位销与接合套的相应孔采用滑动配合，

定位销中部切有一小段环槽，接合套钻有斜孔，内装弹簧，钢球被弹簧顶向定位销中部的环槽，使接合套处于空档位置，定位销随接合套可实现轴向移动。定位销两端伸入两个摩擦锥环内侧面的弧线形浅坑中，定位销与浅坑有周向间隙，摩擦锥环相对接合套在一定范围内做周向摆动。锁销中部环槽的两端和接合套相应孔两端切有相同的倒角；锁销与孔对中时，接合套才能沿锁销轴向移动；锁销两端铆接在锥环相应的孔中。2个摩擦锥环、3个锁销、3个定位销和接合套构成1个部件，套在花键毂的齿圈上。

锁销式惯性同步器的工作原理与锁环式惯性同步器类似。

换档时，接合套受到拨叉的轴向推力作用，通过钢球、定位销推动摩擦锥环向前移动。因摩擦锥环与摩擦锥盘有转速差，故接触后的摩擦作用使摩擦锥环和锁销相对于接合套转过一个角度，锁销与接合套上相应孔的中心线不再同心，锁销中部倒角与接合套孔端的锥面相抵触，在同步前，作用在摩擦面的摩擦力矩总大于拨销力矩，接合套被锁止不能前移，防止在同步前接合套与齿圈进入啮合。同步后摩擦力矩消失，拨销力矩使锁销、摩擦锥盘和相应的齿轮相对于接合套转过一个角度，锁销与接合套的相应孔对中，接合套克服弹簧的张力压下钢球并沿锁销向前移动，完成换档。

六、手动变速器操纵机构的结构和工作原理

手动变速器操纵机构的功用是保证驾驶人能准确可靠地将变速器挂入所需要的档位，并可随时退至空档。

按变速杆位置的不同，变速器操纵机构可分为直接操纵式和远距离操纵式2种类型。

1. 直接操纵式变速器操纵机构

直接操纵式变速器操纵机构多用于发动机前置后轮驱动的车辆，这种形式的变速器布置在驾驶人座椅附近，变速杆由驾驶室底板伸出，驾驶人可以直接操纵，载货汽车6档变速器直接操纵式变速器操纵机构，如图1-65所示。

拨叉轴7、8、9和10的两端均支承于变速器盖的相应孔中，可以轴向滑动。所有的拨叉和拨块都用弹性销固定于相应的拨叉轴上。3档/4档拨叉2的上端具有拨块，拨块顶部制有凹槽，拨块3、4、14的顶部也制有凹槽，变速器处于空档时，各凹槽在横向平面内对齐，叉形拨杆13下端的球头伸入这些凹槽中。选档时可使变速杆绕其中部球形支点横向摆动，则其下端推动叉形拨杆13绕换档轴11的轴线摆动，从而使叉形拨杆下端球头对准与所选档位对应的拨块凹槽，然后使变速杆纵向摆动，带动拨叉轴及拨叉向前或向后移动，即可实现挂档。例如，横向摆动变速杆使

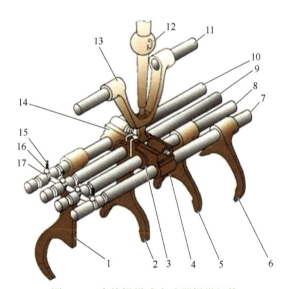

图1-65 直接操纵式变速器操纵机构

1—5档/6档拨叉　2—3档/4档拨叉　3—1档/2档拨块
4—5档/6档拨块　5—1档/2档拨叉　6—倒档拨叉
7—5档/6档拨叉轴　8—3档/4档拨叉轴　9—1档/2档拨叉轴
10—倒档拨叉轴　11—换档轴　12—变速杆　13—叉形拨杆
14—倒档拨块　15—自锁弹簧　16—自锁钢球　17—互锁销

叉形拨杆下端球头深入1档/2档拨块3顶部的凹槽中，1档/2档拨块3连同1档/2档拨叉轴9和1档/2档拨叉5即沿纵向向前移动一定距离，便可挂入2档；若向后移动一段距离，则挂入1档。当使叉形拨杆下端球头深入倒档拨块14的凹槽中，并使其向前移动一段距离时，便挂入倒档。

各种变速器由于档位数及档位排列位置不同，其拨叉和拨叉轴的数量及排列位置也不相同。例如，上述的6档变速器的6个前进档用了3根拨叉轴，倒档则独立使用了1根拨叉轴，所以共有4根拨叉轴。一般五档变速器具有3根拨叉轴，其2档和3档共用1根拨叉轴，4档和5档共用1根拨叉轴，1档和倒档共用1根拨叉轴。

2. 远距离操纵式变速器操纵机构

在有些汽车上，由于变速器离驾驶人座位较远，则需要在变速杆与拨叉之间加装一些辅助杠杆或一套传动机构，构成远距离操纵式变速器操纵机构（图1-66），这种操纵机构多用于发动机前置前轮驱动的乘用车上，由于其变速器安装在前驱动桥处，远离驾驶人座椅，所以需要采用这种操纵方式。

有些乘用车和轻型载货汽车的变速器，将变速杆安装在转向柱管上，称为柱式换档变速器操纵机构，如图1-67所示。因此，变速杆与变速器之间也需要通过一系列的传动件进行传动，这也属于远距离操纵方式。该种操纵方式具有变速杆占据驾驶室空间小，便于乘坐等优点。

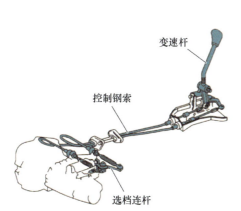

图1-66　远距离操纵式变速器操纵机构

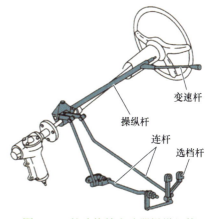

图1-67　柱式换档变速器操纵机构

3. 换档锁装置

为了保证变速器在任何情况下都能准确、安全、可靠地工作，变速器操纵机构一般都具有换档锁装置，包括自锁装置、互锁装置和倒档锁装置。

（1）自锁装置　自锁装置用于防止变速器自动脱档或挂档，并保证轮齿以全齿宽啮合。大多数变速器的自锁装置都是采用自锁钢球对拨叉轴进行轴向定位锁止，如图1-68所示。

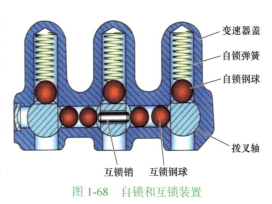

图1-68　自锁和互锁装置

自锁装置工作原理

（2）互锁装置 互锁装置用于防止同时挂上两个档位。如图1-69所示，互锁装置由互锁钢球和互锁销组成。

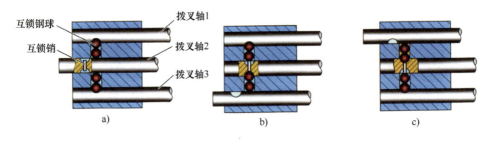

图 1-69 互锁装置

有的3档变速器将自锁和互锁装置合二为一，如图1-70所示，其中 $a = b$。

（3）倒档锁装置 倒档锁装置用于防止误挂倒档。图1-71所示为常见的锁销式倒档锁装置。当驾驶人想挂倒档时，必须用较大的力使变速杆下端压缩弹簧，将倒档锁销推入锁销孔内，才能使变速杆下端进入倒档拨块的凹槽中进行换档。由此可见，倒档锁的作用是使驾驶人必须对变速杆施加更大的力，才能挂入倒档，从而起到警示注意作用，以防误挂倒档。

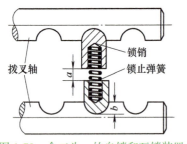

图 1-70 合二为一的自锁和互锁装置

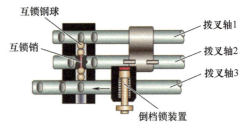

图 1-71 倒档锁装置

任务实施

一、任务实施的环境与条件

1）拆装及检修前，车辆可靠驻停。
2）正确选用拆装与检修工具。
3）相关车型维修手册。
4）发动机技术状况良好。
5）仪器操作手册。
6）注意环保及安全操作。

二、任务实施的步骤

1. 更换手动变速器油

科鲁兹（1.6L）乘用车手动变速器油的型号为BOT 130 M（SAE 75W/90）；变速器油每

项目一　汽车传动系统检修

10000km 或 6 个月检查一次，必要时添加（正常使用条件下不必换油）；变速器油量为 1.8L。

（1）排放程序

注意：当变速器处于工作温度时，变速器油很烫，将变速器油从变速器中排出时必须小心以免造成人身伤害；在排气隔热罩周围作业时要小心，隔热罩可能有锐边，如果不小心接触，会导致人员受伤，务必在隔热罩上暂时安装护盖以降低受伤的风险；拆卸任何螺塞时一定要小心清洁此螺塞的周围区域。

1）举升并支撑车辆。

2）如图 1-72 所示，拆下 11 个离合器和差速器壳体盖螺栓，拆下离合器和差速器壳体盖。

3）将变速器油排入合适的盛油容器中。

4）让变速器油排放 10min。

5）拆下并报废离合器和差速器壳体盖衬垫。

6）检查收集的变速器油中是否有燃烧的油残留物、金属碎屑和其他异物。如果发现以上情况，则查找原因。

7）安装新的离合器和差速器壳体盖衬垫，安装离合器和差速器壳体盖，安装离合器和差速器壳体盖螺栓并紧固至 15N·m。

（2）加注和检查程序

1）使车辆传动系统及其排气系统冷却。

2）如图 1-73 所示，拆下并报废变速器油检查螺塞。

3）降下车辆。

4）如图 1-74 所示，拆下变速器油加注口盖和加油螺塞，加注变速器油，直至变速器油从检查螺塞孔中溢出。

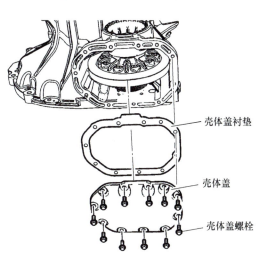

图 1-72　拆下离合器和差速器壳体盖螺栓

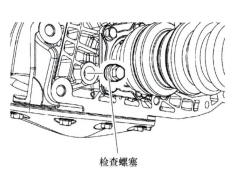

图 1-73　拆下变速器油检查螺塞

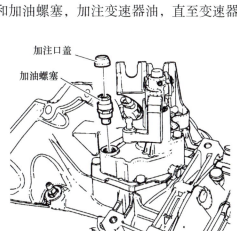

图 1-74　拆下变速器油加注口盖和加油螺塞

5）安装变速器加油螺塞和加注口盖，并紧固至 35N·m。

6）举升车辆。

7）安装新的变速器油检查螺塞并紧固至6N·m（图1-73），最后再紧固变速器油检查螺塞45°~180°（使用EN-45059角度测量仪进行测量）。

8）降下车辆。

2. 更换手动变速驱动桥

卡罗拉（1.6L）乘用车手动变速驱动桥的结构如图1-75和图1-76所示。

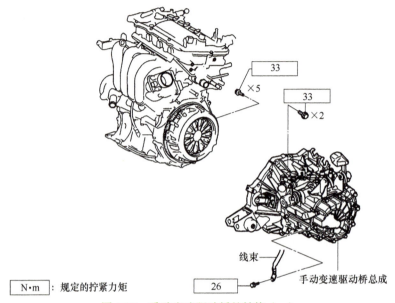

图1-75 手动变速驱动桥的结构（一）

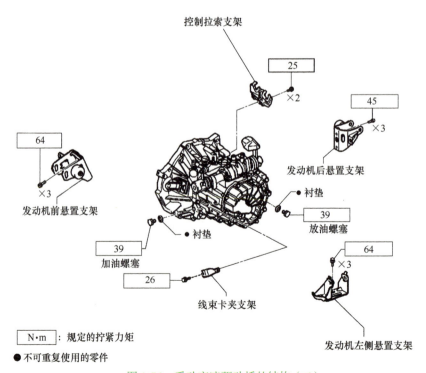

图1-76 手动变速驱动桥的结构（二）

(1)手动变速驱动桥的拆卸

1)拆卸带手动变速驱动桥总成的发动机总成。

2)拆卸发动机后悬置隔振垫。

3)安装发动机吊架。

4)拆卸飞轮壳侧盖。

5)拆卸起动机总成。

6)拆卸手动变速驱动桥总成。如图1-77所示,拆下7个螺栓和手动变速驱动桥总成。

7)拆卸线束卡夹支架。如图1-78所示,拆下螺栓和线束卡夹支架。

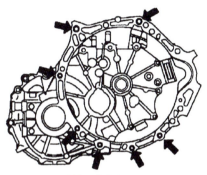

图1-77 拆卸手动变速驱动桥总成

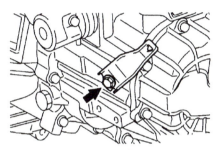

图1-78 拆卸线束卡夹支架

8)拆卸控制拉索支架。如图1-79所示,拆下2个螺栓和控制拉索支架。

9)拆卸发动机左侧悬置支架。如图1-80所示,拆下3个螺栓和发动机左侧悬置支架。

图1-79 拆卸控制拉索支架

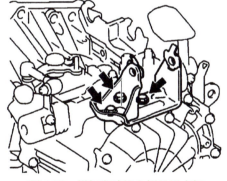

图1-80 拆卸发动机左侧悬置支架

10)拆卸发动机前悬置支架。如图1-81所示,拆下3个螺栓,拆卸发动机前悬置支架。

11)拆卸发动机后悬置支架。如图1-82所示,拆下3个螺栓和发动机后悬置支架。

(2)手动变速驱动桥的安装

1)安装发动机后悬置支架(图1-82)。用3个螺栓安装发动机后悬置支架,拧紧力矩为45N·m。

2)安装发动机前悬置支架(图1-81)。用3个螺栓安装发动机前悬置支架,拧紧力矩为64N·m。

3）安装发动机左侧悬置支架（图1-80）。用3个螺栓安装发动机左侧悬置支架，拧紧力矩为64N·m。

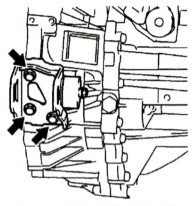

图1-81　拆卸发动机前悬置支架

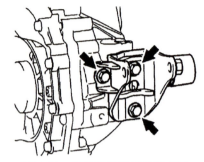

图1-82　拆卸发动机后悬置支架

4）安装控制拉索支架（图1-79）。用2个螺栓安装控制拉索支架，拧紧力矩为25N·m。

5）安装线束卡夹支架。（图1-78）。用螺栓安装线束卡夹支架，拧紧力矩为26N·m。

6）安装手动变速驱动桥总成。

① 使输入轴和离合器从动盘对齐，并将手动变速驱动桥总成安装至发动机。

② 安装7个螺栓（图1-77），拧紧力矩为33N·m。

注意： 紧固螺栓前将定位销牢固插入定位销孔，使手动变速驱动桥总成端面紧贴发动机总成。确保定位销未松动、弯曲、损坏或刮破，然后使发动机和手动变速驱动桥总成的接触面相互接触，将手动变速驱动桥总成安装至发动机。

7）安装起动机总成。

8）安装飞轮壳侧盖。

9）安装发动机后悬置隔振垫。

10）安装带手动变速驱动桥总成的发动机总成。

11）检查ABS转速传感器信号。

三、技能训练及相关实践知识

汽车手动变速器检修技能训练

【训练任务】客户所驾驶的手动档轿车出现故障，汽车在加速、减速、爬坡或汽车剧烈振动时，变速杆自动跳回空档位置。维修人员需对手动变速器操纵机构进行检修，并向客户解释故障产生的原因。

【训练建议】以小组形式完成。制订故障诊断与排除的基本流程，并按要求逐项填写技能训练评价表。

【评价建议】可用如下技能训练评价表对学生的操作技能进行评价。

项目一 汽车传动系统检修

技能训练评价表

学生姓名					
测评日期		测评地点			
测评内容		汽车手动变速器检修			
考评标准	内容	分值/分	自评	互评	师评
	手排放，加注和检查手动变速器油	40			
	手动变速驱动桥的更换	60			
	合计	100			
最终得分（自评30% + 互评30% + 师评40%）					

说明：测评满分为100分，60~74分为及格，75~84分为良好，85分以上为优秀。60分以下的学生，需重新进行知识学习、任务训练，直到任务完成达到合格为止

>>>>> 归纳总结

　　手动变速器的功用是实现变速、变矩，实现倒车，实现中断动力传递。普通有级式变速器利用不同齿数的齿轮啮合传动来实现转矩和转速的改变。手动变速器包括变速传动机构和操纵机构两大部分。变速传动机构的主要作用是改变转矩的大小和方向；操纵机构的作用是实现换档。变速传动机构是变速器的主体，按工作轴的数量（不包括倒档轴）可分为二轴式变速器和三轴式变速器。

　　同步器的功用是使接合套与待啮合的齿圈迅速同步，缩短换档时间；且防止在同步前啮合而产生换档冲击。目前所采用的同步器几乎都是摩擦式惯性同步器，按锁止装置不同，可分为锁环式惯性同步器和锁销式惯性同步器。

　　手动变速器操纵机构的功用是保证驾驶人能准确可靠地将变速器挂入所需要的档位，并可随时退至空档。变速操纵机构按照变速杆位置不同，可分为直接操纵式和远距离操纵式两种类型。为了保证变速器在任何情况下都能准确、安全、可靠地工作，变速器操纵机构一般都具有换档锁装置，包括自锁装置、互锁装置和倒档锁装置。

💡 思考题

1. 简述变速器的具体功用。
2. 试以一对齿轮为例说明如何实现降速档、直接档和超速档。
3. 对照实物或图片说明乘用车二轴式5档手动变速器和载货汽车三轴式5档手动变速器的各档动力传递情况（包括如何换档及动力传递路线）。

4. 对照实物或图片说出锁环式惯性同步器各元件的名称及装配关系。
5. 简述锁环式惯性同步器的工作原理。
6. 对照实物或图片说明变速器操纵机构中自锁、互锁装置的工作原理。
7. 如何检查变速器各轴和齿轮？
8. 如何调整变速器操纵机构？

拓展提高

为了提高汽车在雨天、雪地和越野行驶时的附着力和操纵性能，有些车辆常采用四轮驱动。

一、四轮驱动系统概述

传统四轮驱动汽车的基本组成如图 1-83 所示，发动机的动力经过离合器传给变速器，然后通过分动器分配给前、后万向传动装置，再通过万向传动装置传递给前、后驱动桥，使 4 个车轮转动。

目前，四轮驱动分为全时驱动、兼时驱动和实时驱动 3 种形式。

1. 全时驱动（Full-time）

全时驱动车辆永远保持四轮驱动模式，正常行驶时将发动机输出的转矩按 50%：50% 的比例传递给前后轮。当轮胎打滑时自动分配前后转矩以确保车辆在不同路面上具有极佳的车辆性能和驾驶条件，分配比例在 30%：70% 到 70%：30% 之间（前后驱动转矩在 30%~70% 之间连续无级可调），采用这种驱动模式的车辆具有极佳的驾驶操控性和行驶循迹性。全时四驱科技含量高，车辆的行驶操控性能和舒适性也强，因此主要运用在高档车型上。

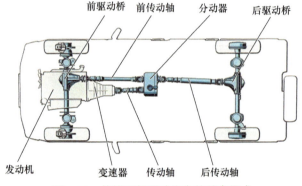

图 1-83 传统四轮驱动汽车的基本组成

2. 兼时驱动（Part-time）

兼时驱动模式一般用于越野车或四驱 SUV 上。驾驶人可根据路面情况，通过接通或断开分动器来切换两轮驱动或四轮驱动模式，其优点是可根据实际情况来选取驱动模式，比较经济，缺点是其机械结构比较复杂，需要驾驶人有很强的驾驶经验。

3. 实时驱动（Real-time）

采用实时驱动的车辆，其选择何种驱动模式是由电脑控制的。正常路面一般采用两轮驱动，如果路面不良或驱动轮打滑，电脑会自动侦测情况并立即将发动机输出的转矩分配给其他两轮，切换到四轮驱动状态，免除了驾驶人的判断和手动操作，应用更加简单。

下面以采用传统兼时驱动模式的北京切诺基为例介绍其主要部件的结构、原理和检修。

二、分动器的典型结构和工作原理

分动器的功用是把变速器传来的动力分配给前、后驱动桥。在大多数的分动器上设有变速机构。在进行两轮或四轮驱动模式切换的同时，也改变整车的传动比。在普通路面上使用高速档，在恶劣路面上使用低速档。

北京切诺基采用87A-K型分动器，其构造与原理与普通齿轮变速器类似。

1. 结构与组成

87A-K型分动器的结构分解图如图1-84所示，其壳体是中间剖分式的。结构简图如图1-85所示，在壳体内设有输入轴和后输出轴、中间轴及前输出轴。

分动器的两轮或四轮驱动模式取决于同步器接合套的位置。当同步器处于前方时同步器和同步盘分离，此时后输出轴的动力不传给前轴，仅驱动后轮；同步器接合套处于后方位置时，后输出轴不仅驱动后轴还通过四轮驱动齿轮驱动前轴，实现四轮驱动。由于离合器接合套和同步器位置分别由换档盘和两个拨叉来控制（其位置见表1-1），排除了两轮低速驱动工况，防止转矩传递过大而损坏传动系统机件。

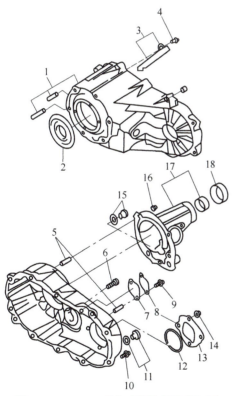

图1-84 87A-K型分动器的结构分解图
1—前箱体 2、18—油封 3—油槽 4—油槽固定螺钉 5—后箱体 6—箱体固定螺栓 7—中间轴轴承盖 8—标牌 9—螺栓 10—箱体固定螺栓 11—放油螺塞 12—垫圈 13—前输出轴轴承盖 14、16—螺母 15—加油螺塞和垫片 17—后凸缘罩总成

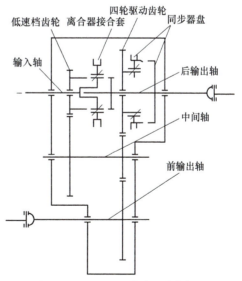

图1-85 87A-K型分动器结构简图

表 1-1　接合套和同步器配合的 4 种工况

工况	接合套位置	同步器位置	档位
1	前	后	4L（四轮低速驱动）
2	中	后	N（空档）
3	后	后	4H（四轮高速驱动）
4	后	前	2H（两轮高速驱动）

惯性同步器仅用于高速档时后轮驱动的接合，低速档时同步器断开后轮，由高、低速档接合套传递动力。因此允许车辆行驶中实施两轮高速或四轮高速驱动工况的变换。由于高、低速档采用接合套变换，因此必须在车辆完全静止时进行。否则，会产生强烈的接合套冲击及噪声，甚至损坏有关零件，换档困难。

2. 转矩传递路线

分动器两轮或四轮驱动时转矩的传递路线如下：

（1）四轮低速时

输入轴→接合套→低速档齿轮→中间齿轮组→前输出轴
　　　　　　　　　　　　　　　　　↳四轮驱动齿轮→惯性同步器→后输出轴

（2）四轮高速时

输出轴→接合套→后输出轴
　　　　　↳惯性同步器→四轮驱动齿轮→中间轴齿轮→前输出轴

（3）两轮驱动时（只有高速档）　输入轴→接合套→后输出轴

任务四　汽车万向传动装置检修

知识点：①万向传动装置的功用和组成。②万向传动装置的应用。③万向节的结构与工作原理。④传动轴的结构。⑤中间支承的结构。

能力点：汽车万向传动装置的检修。

任务情境

汽车万向传动装置检修

客户的车进店修理，该车行驶中发出周期性的响声；速度越高响声越大，甚至伴随有车身振动，握转向盘的手感觉麻木。师傅让维修工小李来对车辆进行检查，查找并排除故障。小李很快上手，并完成了这项任务。

任务分析

该任务是检修汽车万向传动装置。完成此任务需要了解万向传动装置的功用和组成；掌握万向节的结构与工作原理；掌握传动轴的结构特点；掌握中间支承的结构特点；掌握汽车万向传动装置的检修方法。

相关专业知识

一、万向传动装置的功用和组成

1. 功用

万向传动装置在汽车上有很多应用，结构也稍有不同，但其功用都是一样的，即在轴线相交且相互位置经常发生变化的两转轴之间传递动力，图1-86所示为万向传动装置在汽车中最常见的一种应用——装在变速器与驱动桥之间。

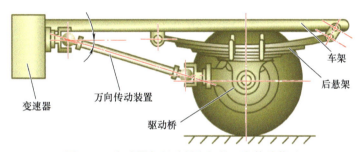

图1-86 变速器与驱动桥之间的万向传动装置

2. 组成

万向传动装置主要包括万向节和传动轴。对于传递距离较远的分段式传动轴，为了提高传动轴的刚度，还设置有中间支承，如图1-87所示。

二、万向传动装置的应用

万向传动装置在汽车上的应用主要体现在以下几个方面。

（1）变速器与驱动桥之间（4×2汽车） 如图1-88所示，一般汽车的离合器、变速器与发动机3者装合为一体装在车架上，驱动桥通过悬架与车架相连。在负荷变化及汽车在不平路面行驶时引起的跳动，会使驱动桥输入轴与变速器输出轴之间的夹角和距离发生变化。为消除这种变化对动力传递的影响，必须装有万向传动装置。

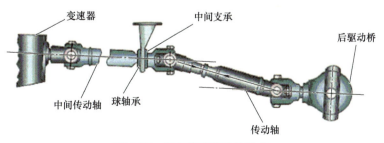

图1-87 万向传动装置的组成

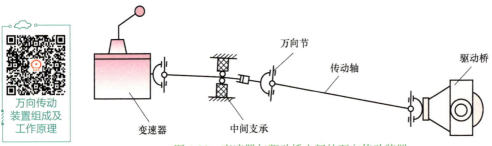

图 1-88 变速器与驱动桥之间的万向传动装置

（2）变速器与分动器、分动器与驱动桥之间（越野汽车） 如图 1-89 所示，为消除车架变形及制造、装配误差等引起的轴线同轴度误差对动力传递的影响，须装有万向传动装置。

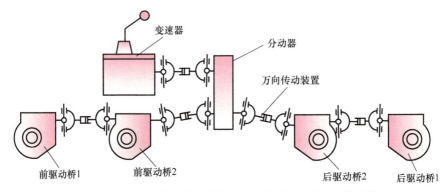

图 1-89 变速器与分动器、分动器与驱动桥之间的万向传动装置

（3）转向驱动桥的内、外半轴之间 如图 1-90 所示，转向时两段半轴轴线相交且交角变化，因此须有万向节。

（4）断开式驱动桥的半轴之间 如图 1-91 所示，主减速器壳在车架上是固定的，驱动轮相对于主减速器上、下摆动，半轴是分段的，须有万向节。

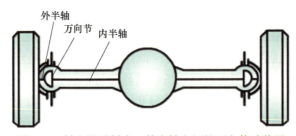

图 1-90 转向驱动桥内、外半轴之间的万向传动装置

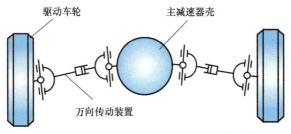

图 1-91 断开式驱动桥半轴之间的万向传动装置

（5）转向机构的转向轴和转向器之间　如图1-92所示，为便于转向机构的总体布置，须有万向传动装置。

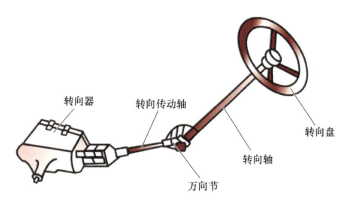

图1-92　转向机构的转向轴和转向器之间的万向传动装置

三、万向节的结构与工作原理

在汽车上使用的万向节可以从不同的角度进行分类。按其刚度大小，万向节可分为刚性万向节和柔性万向节。刚性万向节按其速度特性又可分为不等速万向节（常用的为十字轴式）、准等速万向节（双联式和三销轴式）和等速万向节（球叉式和球笼式）。目前在汽车上应用较多的是十字轴式不等速万向节和等速万向节。

1. 十字轴式不等速万向节

十字轴式不等速万向节，如图1-93所示，它允许相邻两轴的最大交角为15°~20°。

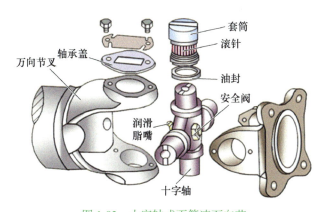

图1-93　十字轴式不等速万向节

（1）结构　十字轴式不等速万向节主要由十字轴、万向节叉等组成。为了润滑轴承，十字轴内钻有油道，且与润滑脂嘴、安全阀相通，如图1-94所示。

万向节轴承的常见定位方式，除了采用盖板定位外，还可采用内、外弹性卡环进行定位。

（2）十字轴式不等速万向节的速度特性　单个十字轴式不等速万向节在主动轴和从动轴之间有夹角的情况下，当主动叉等角速转动时，从动叉是不等角速转动的，这称为十字轴式不等速万向节的不等速特性。且两转轴之间的夹角 α 越大，不等速性就越大，如图 1-95 所示。

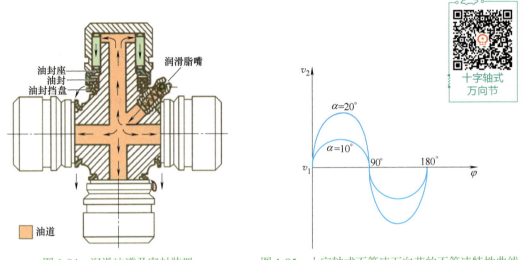

图 1-94　润滑油道及密封装置　　　图 1-95　十字轴式不等速万向节的不等速特性曲线

十字轴式不等速万向节的不等速特性，将使从动轴及与其相连的传动部件产生扭转振动，从而产生附加的交变载荷，影响部件使用寿命。

所以可以采用图 1-96 所示的双十字轴万向节的传动方式，第 1 万向节的不等速特性可以被第 2 万向节的不等速特性所抵消，从而实现两轴间的等角速传动。具体使用条件是：①第 1 万向节两轴间夹角 $α_1$ 与第 2 万向节两轴间夹角 $α_2$ 相等；②第 1 万向节的从动叉与第 2 万向节的主动叉处于同一平面。

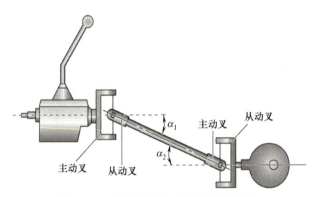

图 1-96　双十字轴万向节等速传动布置

由于悬架的振动，不可能在任何时候都保证 $α_1=α_2$，因此这种双十字轴万向节的传动只能近似地解决等速传动问题，且由于两轴夹角最大只能为 20°，因此使用上受到限制。

2. 准等速万向节

准等速万向节是根据两个普通万向节实现等速传动的原理制成的，常见的有双联式和三销轴式万向节。

（1）双联式万向节　它实际上是一套传动轴长度缩减至最小的双万向节传动装置，如图 1-97 所示。双联叉相当于两个在同一平面内的万向节叉。要使轴 1 和轴 2 的角速度相同，应保证 $α_1=α_2$。为此有的双联式万向节装有分度机构（多为球销之类零件组成），使双联叉的对称线平分所连两轴的夹角。目前汽车转向驱动桥采用的双联式万向节为使结构简化，省去了分度机构，在结构上用组件将内半轴或外半轴定位在壳体上，保证汽车直线行驶时万向节中心点位于主销轴线与半轴轴线的交点。

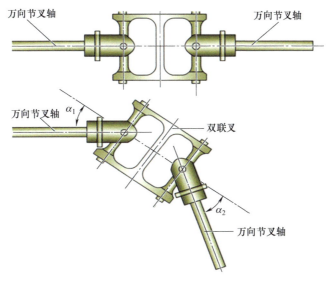

图 1-97　双联式万向节

双联式万向节允许有较大的轴间夹角，且结构简单，制造方便。

（2）三销轴式万向节　三销轴式万向节是由双联式万向节演变而来的准等速万向节（图 1-98），由两个偏心轴叉、两个三销轴以及 6 个滑动轴承和密封件等组成。

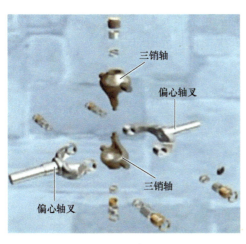

a）分解图

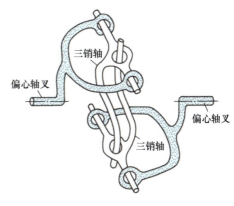

b）原理图

图 1-98　三销轴式万向节

三销轴式万向节的最大特点是允许相邻两轴有较大交角,最大可达45°。采用此万向节的转向驱动桥可使汽车获得较小的转弯半径,提高汽车的机动性。

3. 等速万向节

等速万向节的工作原理是传力点永远位于两轴交点的平分面上。图1-99所示为等速万向节的工作原理图。

等速万向节的常见结构形式有球笼式、球叉式和三枢轴球面滚轮式。

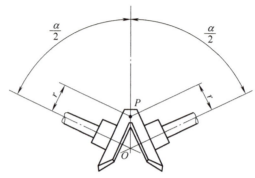

图1-99 等速万向节的工作原理

(1) 球笼式等速万向节 常见的球笼式等速万向节有固定型球笼式等速万向节(RF节)和伸缩型球笼式等速万向节(VL节)。

1) 固定型球笼式等速万向节由6个钢球、星形套(内滚道)、球形壳(外滚道)和保持架(球笼)等组成,如图1-100所示。

固定型球笼式等速万向节工作时6个钢球都参与传力,故承载能力强、磨损小、使用寿命长,被广泛应用于各种型号的转向驱动桥和采用独立悬架的驱动桥。

2) 伸缩型球笼式等速万向节又称直槽滚道型等速万向节,如图1-101所示,其结构与上述球笼式等速万向节相似,只是内、外滚道为圆筒形直槽,使万向节本身可轴向伸缩(伸缩量可达40~50mm),省去其他万向节传动中的滑动花键,且滚动阻力小,适用于断开式驱动桥的万向传动装置。这种万向节所连接的两轴夹角不能太大,因此常和固定型球笼式等速万向节组合在一起使用,以保证在夹角和距离发生变化时传递动力。

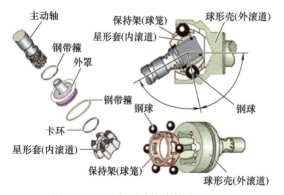

图1-100 固定型球笼式等速万向节

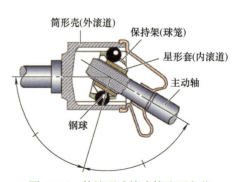

图1-101 伸缩型球笼式等速万向节

固定型球笼式等速万向节（RF 节）和伸缩型球笼式等速万向节（VL 节）广泛应用于采用独立悬架的乘用车转向驱动桥，其中 RF 节用于靠近车轮处，VL 节用于靠近驱动桥处，如图 1-102 所示。

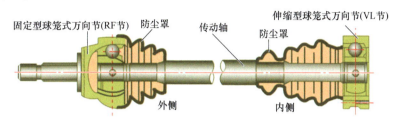

图 1-102　RF 节和 VL 节在转向驱动桥中的布置

（2）球叉式等速万向节　球叉式等速万向节如图 1-103 所示，由主动叉、从动叉、4 个传动钢球、中心钢球、定位销和锁止销组成。

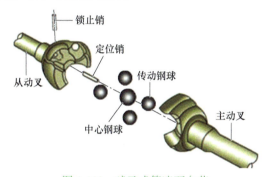

图 1-103　球叉式等速万向节

球叉式等速万向节在工作的时候，只有 2 个钢球参与传力，故磨损快，影响使用寿命，现在应用越来越少。

（3）三枢轴球面滚轮式等速万向节　三枢轴球面滚轮式等速万向节又称为自由三枢轴万向节，其结构如图 1-104 所示，由 3 个位于同一平面内互呈 120°的枢轴构成，它们的轴线交于输入轴上一点，并且垂直于传动轴。

图 1-104　三枢轴球面滚轮式等速万向节

4. 柔性万向节

柔性万向节如图 1-105 所示，它依靠弹性件的弹性变形来保证相交两轴间传动时不发生机械干涉。因弹性件的弹性变形有限，故柔性万向节适用于两轴间夹角不大（3°~5°）和微量轴向位移的万向传动装置。如有的汽车发动机与变速器之间，变速器与分动器之间装有柔性万向节，用以消除制造安装误差和车架变形对传动的影响。

四、传动轴的结构

1. 功用

传动轴是万向传动装置中的主要传力部件，通常用来连接变速器（或分动器）和驱动桥；在转向驱动桥和断开式驱动桥中，则用来连接差速器和驱动车轮。

2. 结构

图 1-106 所示为传动轴的结构。传动轴有实心轴和空心轴之分。为了减轻传动轴的质量，节省材料，提高轴的强度和刚度，传动轴多为空心轴，一般用厚度为 1.5~3.0mm 的薄钢板卷焊而成，超重型货车则直接采用无缝钢管。转向驱动桥、断开式驱动桥或微型汽车的传动轴通常制成实心轴。传动轴两端的连接件装好后，应进行动平衡试验，在质量小的一侧补焊平衡片，使其不平衡量不超过规定值。

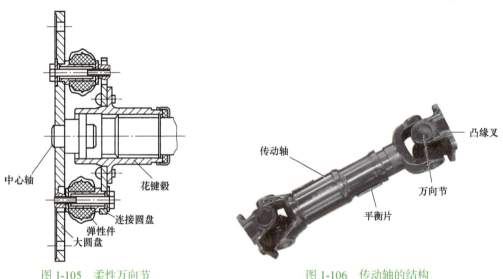

图 1-105　柔性万向节　　　　　图 1-106　传动轴的结构

汽车行驶过程中，变速器与驱动桥的相对位置会发生变化，随着传动轴角度的改变，其长度也会改变，因此采用滑动花键轴和伸缩套组成的滑套连接方式，以实现传动轴长度的变化，如图 1-107 所示。

五、中间支承的结构

1. 功用

传动轴分段时需加设中间支承，中间支承通常装在车架横梁上，用来补偿传动轴轴向和角度方向的安装误差，以及汽车行驶过程中因发动机窜动或车架变形等引起的位移。

2. 结构

图 1-108 所示的中间支承由支架和轴承等组成，轴承固定在中间传动轴后部的轴颈上，与支架之间装有橡胶缓冲垫，用 3 个螺栓紧固。紧固时，橡胶缓冲垫会径向扩张，其外圆被

挤紧于支架的内孔。

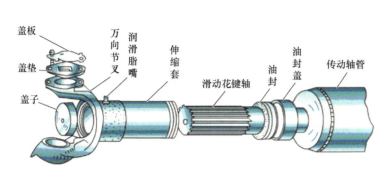

图 1-107 滑套连接方式

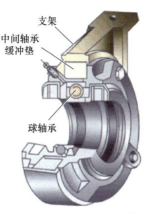

图 1-108 中间支承的结构

任务实施

一、任务实施的环境与条件

1）拆装及检修前，车辆可靠驻停。
2）正确选用拆装与检修工具。
3）相关车型维修手册。
4）发动机技术状况良好。
5）仪器操作手册。
6）注意环保及安全操作。

二、任务实施的步骤

1. 十字轴式不等速万向节的检修

万向节分解完成后，需要用汽油清洗各零件，以便暴露出零件的损伤、磨损情况，而且应按以下要求检查和修复。

1）检查滚针轴承，如果滚针断裂、油封失效，应更换新件。
2）检查十字轴轴颈磨损、压痕或剥落等情况。十字轴轴颈轻微磨损、轻微压痕或剥落，仍可继续使用，如果轴颈磨损过甚、严重压痕（深度超过 0.1mm）或严重剥落时，应予以更换。
3）检查万向节叉不得有裂纹或其他严重损伤，否则更换新件。
4）万向节装配完毕后，可用手扳动十字轴进行检验，以转动自如且没有松旷感觉为合适。若装配过紧或过松，应查明原因，必要时应拆检及重新装配。

2. 球笼式等速万向节检修

主要是检查球笼式万向节内、外等速万向节中各部件的磨损情况和装配间隙。一般外等速万向节酌情单件更换。如内等速万向节的某部件磨损严重，则应整体更换。

外等速万向节的 6 颗钢球要求有一定的配合公差，并与星形套一起组成配合件。检查轴、球笼、星形套与钢球有无凹陷与磨损，若万向节间隙过大，需更换万向节。

内等速万向节的检修是检查球形壳、星形套、球笼及钢球有无凹陷与磨损，如磨损严重则应更换。内等速万向节只能整体调换，不可单个更换。

防尘罩及卡箍、弹簧挡圈等损坏时，应予以更换。

3. 传动轴的检修

1）目视检查传动轴轴管，轴管不得有裂纹及严重的凹瘪。

2）检查传动轴轴管全长上的径向圆跳动，如图1-109所示，测量结果应符合表1-2的规定。

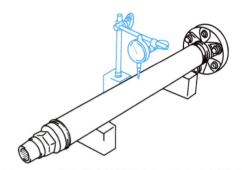

图1-109 检查传动轴轴管全长上的径向圆跳动

表1-2 传动轴轴管的径向圆跳动公差　　　　（单位：mm）

轴长	小于600	600~1000	大于1000
径向圆跳动	0.6	0.8	1.0

乘用车传动轴轴管径向圆跳动应比表1-2所规定的值相应减小0.2mm。中间传动轴支承轴颈的径向圆跳动为0.10mm。当传动轴轴管的径向圆跳动超过表1-2的规定时，应对传动轴进行校正或更换。

3）检查传动轴花键与滑动叉花键、凸缘叉与所配合花键的侧隙，乘用车应不大于0.15mm，其他类型的汽车应不大于0.30mm，装配后应能滑动自如。

4. 中间支承的检修

检查中间支承的橡胶垫环是否开裂、油封磨损是否过甚而失效、轴承松旷程度或内孔磨损是否严重，如图1-110所示，如果是，均应更换新的中间支承。

中间支承轴承经使用磨损后，需及时检查和调整，以恢复其良好的技术状况。

图1-110 检查中间支承

磨损使中间支承轴向间隙超过0.30mm时，将引起中间支承发出响声和传动轴严重振动，导致各传力部件早期损坏。

调整方法：拆下凸缘和中间轴承，将调整隔板适当磨薄，中间支承在不受轴向力的自由状态下，轴向间隙应在0.15~0.25mm之间，装配好后用（195~245）N·m的力矩拧紧凸缘螺母，保证轴承轴向间隙在0.05mm左右，即转动轴承外圈无明显的轴向游隙为宜，最后从润滑脂嘴注入足够的润滑脂，以减小磨损。

三、技能训练及相关实践知识

汽车万向传动装置检修技能训练

【训练任务】客户所驾驶的发动机前置后轮驱动的乘用车出现故障，该车行驶中发出周期性的响声；速度越高响声越大，甚至伴随有车身振动，握住转向盘的手感觉麻木。维修人

项目一 汽车传动系统检修

员需对汽车万向传动装置进行检修,并向客户解释故障产生的原因。

【训练建议】以小组形式完成。制订故障诊断与排除的基本流程,并按要求逐项填写技能训练评价表。

【评价建议】可用如下技能训练评价表对学生操作技能进行评价。

技能训练评价表

学生姓名					
测评日期		测评地点			
测评内容		汽车万向传动装置检修			
考评标准	内容	分值 / 分	自评	互评	师评
	十字轴式不等速万向节的检修	30			
	球笼式等速万向节的检修	30			
	传动轴的检修	20			
	中间支承的检修	20			
	合计	100			
最终得分(自评 30%+ 互评 30%+ 师评 40%)					

说明:测评满分为100分,60~74分为及格,75~84分为良好,85分以上为优秀。60分以下的学生,需重新进行知识学习、任务训练,直到任务完成达到合格为止

>>>>>> 归纳总结

万向传动装置的功用是在轴线相交且相互位置经常发生变化的两转轴之间传递动力。万向传动装置主要包括万向节和传动轴,对于传动距离较远的分段式传动轴,为了提高传动轴的刚度,还设置有中间支承。万向传动装置在汽车上的应用主要体现在以下几个方面:变速器与驱动桥之间;变速器与分动器、分动器与驱动桥之间;转向驱动桥的内、外半轴之间;断开式驱动桥的半轴之间;转向机构的转向轴和转向器之间。

十字轴式不等速万向节主要由十字轴、万向节叉等组成。十字轴式不等速万向节具有不等速特性,可采用双十字轴万向节的传动方式,利用第2万向节的不等速特性抵消第1万向节的不等速特性,从而实现两轴间的等角速传动。准等速万向节是根据2个普通万向节实现等速传动的原理制成的,常见的有双联式和三销轴式万向节。等速万向节的基本原理是传力点永远位于两轴交点的平分面上。等速万向节的常见结构形式有球笼式、球叉式和三枢轴球面滚轮式。柔性万向节依靠弹性件的弹性变形来保证在相交两轴间传动时不发生机械干涉。弹性件采用橡胶盘、橡胶金属套筒、六角形橡胶圈等结构。

传动轴是万向传动装置中的主要传力部件,通常用来连接变速器(或分动器)和驱动桥,而在转向驱动桥和断开式驱动桥中,则用来连接差速器和驱动车轮。传动轴分段时需加设中间支承,中间支承通常装在车架横梁上,能补偿传动轴轴向和角度方向的安装误差,以及汽车行驶过程中因发动机窜动或车架变形等引起的位移。

思考题

1. 汽车万向传动装置的基本组成和作用是什么？
2. 万向传动装置在汽车上的应用部位有哪些？
3. 对照实物或图片说明十字轴式不等速万向节的不等速特性。
4. 十字轴式不等速万向节要等速传递动力的条件是什么？
5. 对照实物或图片说明球笼式等速万向节的结构特点和工作原理。
6. 简述如何对十字轴式不等速万向节和球笼式等速万向节进行拆装、检修。
7. 传动轴的检修项目包括哪些？
8. 中间支承的检修项目包括哪些？

任务五　汽车驱动桥检修

知识点：①驱动桥的功用、组成和分类。②主减速器的结构与工作原理。③差速器的结构与工作原理。④半轴的结构。⑤驱动桥壳的结构。

能力点：汽车驱动桥的检修。

任务情境

汽车驱动桥检修

客户的车进店修理，该车行驶一段里程后，用手探试驱动桥壳中部或主减速器壳，有无法忍受的烫手感觉。师傅让维修工小李来对车辆进行检查，查找并排除故障。小李很快上手，并完成了这项任务。

任务分析

该任务是检修汽车驱动桥。完成此任务需要了解驱动桥的功用、组成和分类；掌握主减速器的结构与工作原理；掌握差速器的结构与工作原理；掌握半轴的结构特点；掌握桥壳的结构特点；掌握汽车驱动桥的检修方法。

相关专业知识

一、驱动桥的功用、组成和分类

1. 驱动桥的组成

驱动桥一般是由主减速器、差速器、半轴、驱动桥壳等组成，如图 1-111 所示。

驱动桥是传动系统的最后一个总成，发动机的动力传到驱动桥后，首先传到主减速器，在主减速器中将转矩放大并降低转速后，再经差速器分配给左、右半轴，最后通过半轴外端的凸缘传到驱动车轮的轮毂。驱动桥的主要零部件都装在驱动桥的桥壳中。驱动桥壳由主减速器壳和半轴套管组成。

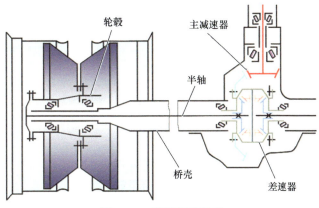

图 1-111　驱动桥的组成

2. 驱动桥的功用

驱动桥的功用是将由万向传动装置传来的发动机转矩经降速增矩、改变动力传递方向后，传给驱动车轮，使汽车行驶，而且允许左右驱动车轮以不同的转速旋转。

具体到驱动桥的各组成，其功用如下：主减速器的功用是降速增矩，改变动力传递方向；差速器的功用是允许左右驱动车轮以不同的转速旋转；半轴的功用是将动力由差速器传给驱动车轮。

注意：如果主减速器为一对圆柱齿轮时，不会改变动力传递方向。

3. 驱动桥的分类

按照悬架结构的不同，驱动桥可以分为整体式驱动桥和断开式驱动桥。整体式驱动桥又称为非断开式驱动桥。

（1）整体式驱动桥　整体式驱动桥（图 1-112）与非独立悬架配用。其驱动桥壳为一刚性的整体，驱动桥两端通过悬架与车架或车身连接，左、右半轴始终在一条直线上，即左、右驱动轮不能相互独立地跳动。当某一侧车轮通过地面的凸出物或凹坑升高或下降时，整个驱动桥及车身都要随之发生倾斜，车身波动大。

(2) 断开式驱动桥　断开式驱动桥（图 1-113）与独立悬架配用。其主减速器固定在车架或车身上，驱动桥壳制成分段式并用铰链连接，半轴也制成分段式并用万向节连接。驱动桥两端分别用悬架与车架或车身连接。这样，两侧驱动车轮及桥壳可以彼此独立地相对于车架或车身上下跳动。

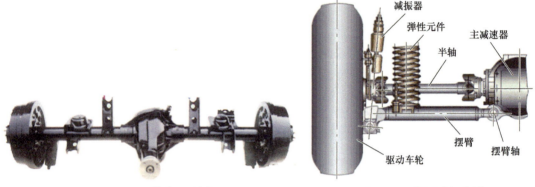

图 1-112　整体式驱动桥　　　　　　　图 1-113　断开式驱动桥

二、主减速器的结构和工作原理

1. 主减速器概述

（1）主减速器的功用

1）将万向传动装置传来的发动机转矩传给差速器。

2）在动力的传递过程中将转矩增大并相应降低转速。

3）对于纵置发动机，将转矩的旋转方向改变 90°。

（2）主减速器的类型

1）按参加传动的齿轮副数目的不同，主减速器可分为单级式主减速器和双级式主减速器。有些重型汽车又将双级式主减速器的第 2 级圆柱齿轮传动设置在两侧驱动车轮附近，称为轮边减速器。

2）按主减速器传动比个数的不同，主减速器可分为单速式主减速器和双速式主减速器。单速式主减速器的传动比是固定的，而双速式则有 2 个传动比可供驾驶人选择。

3）按齿轮副结构形式的不同，主减速器可分为圆柱齿轮式（又可分为定轴轮系和行星轮系）主减速器和锥齿轮式（又可分为弧齿锥齿轮式和准双曲面齿轮式）主减速器。

目前，乘用车中主要应用单级式主减速器。

2. 单级式主减速器

单级式主减速器结构简单，质量小，体积小，传动效率高，主要用于乘用车及中型以下客车或载货汽车。

对于发动机纵向布置的汽车，由于需要改变动力传递方向，单级主减速器都采用 1 对锥齿轮传动；对于发动机横向布置的汽车，单级主减速器采用一对圆柱齿轮即可，如图 1-114 所示。

（1）载货汽车单级主减速器

1）结构。图 1-115 所示为载货汽车单级主减速器。它由主、从动锥齿轮及其支承调整装置、主减速器壳等组成。主动锥齿轮的齿数为6，从动锥齿轮的齿数为38，因此其传动比i=6.33。

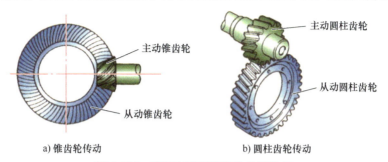

a) 锥齿轮传动　　　　　　　　　　　b) 圆柱齿轮传动

图 1-114　单级主减速器齿轮布置形式

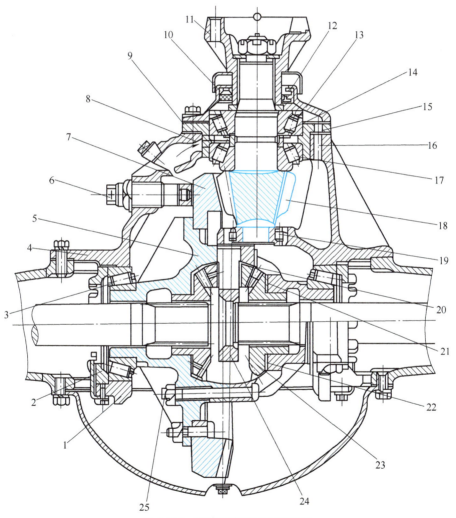

图 1-115　载货汽车单级主减速器

1—差速器轴承盖　2—轴承调整螺母　3、13、17—圆锥滚子轴承　4—主减速器壳　5—差速器壳
6—支承螺柱　7—从动锥齿轮　8—进油道　9、14—调整垫片　10—防尘罩　11—叉形凸缘　12—油封
15—轴承座　16—回油道　18—主动锥齿轮　19—圆柱滚子轴承　20—行星齿轮垫片　21—行星齿轮
22—半轴齿轮推力垫片　23—半轴齿轮　24—行星齿轮轴（十字轴）　25—螺栓

2）调整。

① 轴承预紧度的调整。圆锥滚子轴承一般都是成对使用，装配时应使其具有一定的预紧度，以减小锥齿轮在传动过程中因轴向力而引起的轴向位移，提高轴的支承刚度，保证锥齿轮副的正确啮合。但轴承预紧度又不能过大，否则会使摩擦和磨损增大，导致传动效率降低。为此，需设有轴承预紧度的调整装置。

主动锥齿轮轴承预紧度由调整垫片 14 来调整。增加垫片的厚度可使轴承预紧度减小；反之，轴承预紧度增加。从动锥齿轮（差速器壳）轴承预紧度则是通过拧动两侧的轴承调整螺母 2 来调整的。拧入调整螺母，轴承预紧度增加；反之，轴承预紧度减小。

注意： 只有圆锥滚子轴承的预紧度可调，而圆柱滚子轴承的预紧度无须调整。

轴承预紧度调整之前应先进行检查。一般是采用经验法，即用手转动主动（或从动）锥齿轮时，其应能转动自如，且轴向推动无间隙。

② 锥齿轮啮合的调整。为了使齿轮传动工作正常、磨损均匀、延长其使用寿命，必须保证齿轮副正确的啮合。为此，需要对锥齿轮的啮合进行调整。锥齿轮啮合的调整是指齿面啮合印痕和齿侧啮合间隙的调整。

a. 齿面啮合印痕。先检查齿面啮合印痕，方法为：在主动锥齿轮上相隔 120° 的 3 处用红丹油在齿的正反面各涂 2~3 个齿，再用手对从动锥齿轮稍施加阻力并沿正、反方向各转动主动齿轮数圈。观察从动锥齿轮上的啮合印痕。正确的啮合印痕如图 1-116 所示，应位于齿高的中间偏小端，并占齿宽 60% 以上。

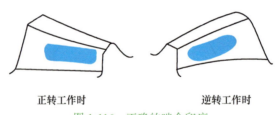

图 1-116　正确的啮合印痕

如果啮合印痕位置不正确，应进行调整，方法是移动主动锥齿轮。增加调整垫片 9 的厚度，使主动锥齿轮前移；反之则后移。

b. 齿侧啮合间隙。调整啮合印痕移动主动锥齿轮后，主、从动锥齿轮的啮合间隙要发生变化。

啮合间隙的检查：将百分表抵在从动锥齿轮正面的大端处，用手把住主动锥齿轮，然后轻轻往复摆转从动锥齿轮即可显示间隙值。中、重型载货汽车应为 0.15~0.50mm，轻型载货汽车应为 0.10~0.18mm，使用极限为 1.00mm。

如果啮合间隙不符合要求，则需要对其进行调整，方法是移动从动锥齿轮。当从动锥齿轮远离主动锥齿轮时间隙变大，反之则变小。移动从动锥齿轮的方法是将一侧的轴承调整螺母 2 旋入几圈，再将另一侧的调整螺母旋出同样的圈数。

注意： 调整前应先将从动锥齿轮的轴承预紧度调整好。

（2）乘用车单级主减速器　图 1-117 所示为乘用车单级主减速器。由于该车型为发动机纵向前置前轮驱动，整个传动系统都集中布置在汽车前部，因此其主减速器装于变速器壳体内，没有专门的主减速器壳体。由于省去了变速器到主减速器之间的万向传动装置，所以变速器输出轴即为主减速器主动轴。

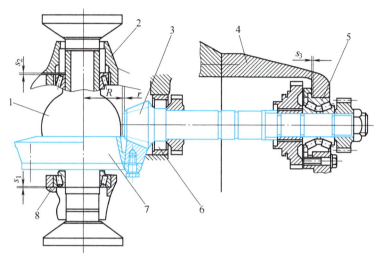

图 1-117　乘用车单级主减速器

1—差速器　2—变速器前壳体　3—主动锥齿轮　4—变速器后壳体　5—双列圆锥滚子轴承
6—圆柱滚子轴承　7—从动锥齿轮　8—圆锥滚子轴承　s_1—调整垫片的厚度（从动锥齿轮一侧）
s_2—调整垫片（与从动锥齿轮相对的一侧）的厚度　s_3—调整垫片的厚度　r—与理论上的尺寸 R 成比例的偏差
（偏差 r 用 1/100mm 表示，例如：25 表示 $r=0.25$mm）　R—主动锥齿轮理论上的尺寸（$R=50.7$mm）

主减速器由 1 对准双曲面齿轮组成，主动锥齿轮的齿数为 9，从动锥齿轮的齿数为 40，其传动比为 4.444。主动锥齿轮与变速器输出轴制为一体，用双列圆锥滚子轴承和圆柱滚子轴承支承在变速器壳体内，属于悬臂式支承。环状的从动锥齿轮靠凸缘定位，并用螺栓与差速器壳连接。差速器壳由一对圆锥滚子轴承支承在变速器壳体上。

3. 双级式主减速器

有些汽车需要较大的主减速器传动比，单级主减速器已不能满足足够的离地间隙，这就需要采用由 2 对齿轮降速的双级主减速器。图 1-118 所示为载货汽车双级主减速器。

（1）结构　第 1 级传动为第 1 级主动锥齿轮和第 1 级从动锥齿轮，这是 1 对弧齿锥齿轮，其传动比为 25/13=1.923；第 2 级传动为第 2 级主动齿轮和第 2 级从动齿轮，这是一对斜齿圆柱齿轮，其传动比为 45/15=3。

第 1 级主动锥齿轮与第 1 级主动齿轮轴制成一体，用 2 个圆锥滚子轴承（相距较远）支承在轴承座的座孔中，因主动锥齿轮悬伸在两轴承之后，故称为悬臂式支承。第 1 级从动锥齿轮用铆钉铆接在中间轴的凸缘上。第 2 级主动齿轮与中间轴制成一体，用两个圆锥滚子轴承支承在两端轴承盖的座孔中，轴承盖用螺栓与主减速器壳固定连接。第 2 级从动齿轮夹在左右两半差速器壳之间，并用螺栓将它们紧固在一起。

（2）调整

1）轴承预紧度的调整。主动锥齿轮轴承预紧度，可通过增减调整垫片 8 的厚度来调整。加垫片使轴承预紧度减少，反之则增加。

中间轴轴承的预紧度则是通过改变调整垫片6和调整垫片13的总厚度来调整。加垫片使轴承预紧度减少，反之则增加。

差速器壳轴承预紧度靠拧动调整螺母3来调整。旋入调整螺母则使轴承预紧度增加，旋出则使轴承预紧度减少。

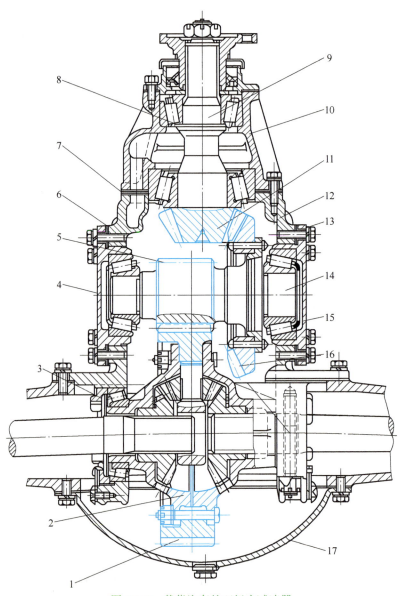

图1-118 载货汽车的双级主减速器

1—第二级从动齿轮 2—差速器 3—调整螺母 4、15—轴承盖 5—第二级主动齿轮 6、7、8、13—调整垫片 9—第一级主动锥齿轮轴 10—轴承座 11—第一级主动锥齿轮 12—主减速器壳 14—中间轴 16—第一级从动锥齿轮 17—后盖

2) 锥齿轮啮合的调整。由于采用弧齿锥齿轮，所以锥齿轮啮合的调整方法与采用准双曲面齿轮的主减速器有所不同。

啮合印痕和啮合间隙是同时进行调整的。先检查啮合印痕，然后按照"大进从、小出从、顶进主、根出主"原则进行调整，如图 1-119 所示。啮合印痕合适后若间隙不符，则通过轴向移动另一锥齿轮进行调整。

当啮合印痕位于从动锥齿轮轮齿大端时（图 1-119a），应使从动锥齿轮向主动锥齿轮靠拢，假如因此而使啮合间隙变小，可使主动锥齿轮向外移动。

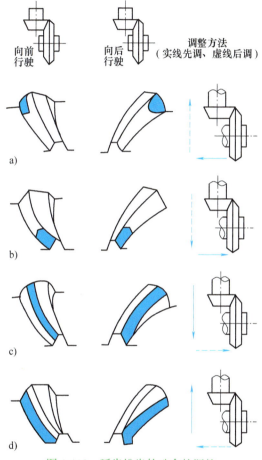

图 1-119　弧齿锥齿轮啮合的调整

当啮合印痕位于从动锥齿轮轮齿小端时（图 1-119b），应使从动锥齿轮移离主动锥齿轮，假如因此而使啮合间隙变大，可使主动锥齿轮向内移动。

当啮合印痕位于从动锥齿轮轮齿顶部时（图 1-119c），应使主动锥齿轮向从动锥齿轮靠拢，假如因此而使啮合间隙变小，可使从动锥齿轮向外移动。

当啮合印痕位于从动锥齿轮轮齿根部时（图 1-119d），应使主动锥齿轮移离从动锥齿轮，假如因此而使啮合间隙变大，可使从动锥齿轮向内移动。

三、差速器的结构和工作原理

1. 差速器的功用、类型

（1）功用　差速器的功用是将主减速器传来的动力传给左、右两半轴，并在必要时允许左、右半轴以不同转速旋转，使左、右驱动车轮相对地面纯滚动而不是滑动。

汽车行驶过程中，车轮相对路面有两种运动状态：滚动和滑动。滑动又有滑转和滑移两种。设车轮中心相对路面的速度为 v，车轮旋转角速度为 ω，车轮滚动半径为 r。如果 $v=\omega r$，则车轮对路面的运动为滚动，这是最理想的运动状态；如果 $\omega>0$，但 $v=0$，则车轮的运动为滑转；如果 $v>0$，但 $\omega=0$，则车轮的运动为滑移。

当汽车转弯行驶时，内外两侧车轮中心在同一时间内移过的曲线距离显然不同，即外侧车轮移过的距离大于内侧车轮，如图 1-120 所示。若两侧车轮都固定在同一刚性转轴上，两轮角速度相等，则此时外轮必然是边滚动边滑移，内轮必然是边滚动边滑转。

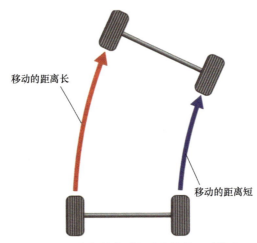

图 1-120　汽车转向时驱动车轮的运动轨迹

同样，汽车在不平路面上直线行驶时，两侧车轮实际移过的曲线距离也不相等。因此在角速度相同的条件下，在波形较显著的路面上运动的一侧车轮是边滚动边滑移，另一侧车轮则是边滚动边滑转。即使路面非常平直，但由于轮胎制造尺寸误差、磨损程度不同，承受的载荷不同或充气压力不等，各个轮胎的滚动半径实际上不可能相等，因此，只要各轮角速度相等，车轮对路面的滑动就必然存在。

车轮对路面的滑动不仅会加速轮胎磨损，增加汽车的动力消耗，而且可能导致转向和制动性能的恶化。所以，在正常行驶条件下，应使车轮尽可能不发生滑动，差速器的作用就在于此。

（2）类型

1）按位置和用途的不同，差速器可分为轮间差速器和轴间差速器两大类。轮间差速器安装在同一驱动桥的左、右两驱动车轮之间，使两侧驱动车轮以不同的角速度旋转，以消除两侧驱动车轮的滑动现象；轴间差速器安装在两驱动桥之间，使各驱动桥具有不同的输入角速度，以消除各桥驱动车轮的滑动现象。

2）按其工作特性的不同，差速器可分为普通齿轮差速器和防滑差速器两大类。

2. 普通齿轮差速器

（1）结构　如图 1-121 所示，普通齿轮差速器由行星齿轮、行星齿轮轴（十字轴）、半轴齿轮和差速器壳等组成，差速器壳为左右两半，用螺栓紧固在一起。

图 1-121　普通齿轮差速器

当两侧驱动车轮以相同的转速转动时，行星齿轮绕半轴轴线转动——公转。若两侧车轮阻力不同，则行星齿轮在公转的同时，还绕自身轴向旋转——自转，因而两半轴的齿轮带动两侧驱动车轮以不同转速转动。行星齿轮的背面和差速器壳相应位置的内表面，均做成球面，保证行星齿轮对正中心，以利于 2 个半轴齿轮正确的啮合。

轻型载货汽车和乘用车因主减速器输出的转距不大，故可用 2 个行星齿轮传递动力，因而行星齿轮轴相应的为 1 根直销轴，差速器壳也不必分成左右两半，而是制成整体式的，其前后两侧都开有大窗口，以便拆装行星齿轮和半轴齿轮。

（2）工作原理　差速器的工作原理如图 1-122 和图 1-123 所示。主减速器传来的动力带动差速器壳（转速为 n_0）转动，经过行星齿轮轴、行星齿轮、半轴齿轮、半轴（转速分别为 n_1 和 n_2），最后传给两侧驱动车轮。

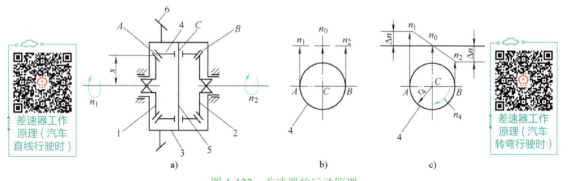

图 1-122　差速器的运动原理

1、2—半轴齿轮　3—差速器壳　4—行星齿轮　5—行星齿轮轴　6—主减速器从动齿轮

1）汽车直线行驶时，两侧驱动车轮所受到的地面阻力相同，并经半轴、半轴齿轮反作用于行星齿轮两啮合点 A 和 B（图 1-122）。这时行星齿轮相当于等臂杠杆，即行星齿轮不自转，只随差速器壳和行星齿轮轴一起公转，两半轴无转速差，即 $n_1=n_2=n_0$，$n_1+n_2=2n_0$。

同样，由于行星齿轮相当于等臂杠杆，主减速器传到差速器壳上的转矩 M_0 等分给两半轴齿轮（半轴），即 $M_1=M_2=M_0/2$。

2）汽车转向行驶时，两侧驱动车轮所受到的地面阻力不同。如果车辆右转，右侧（内侧）驱动车轮所受的阻力大，左侧（外侧）驱动车轮所受的阻力小。这两个阻力经半轴、半轴齿轮反作用于行星齿轮两啮合点 A 和 B（图 1-122），使行星齿轮除了随差速器壳公转外还沿顺时针方向自转，设自转转速为 n_4，则左半轴齿轮的转速增加，右半轴齿轮的转速降低，且左半轴齿轮增加的转速等于右半轴齿轮降低的转速。设半轴齿轮的转速变化为 Δn，则 $n_1=n_0+\Delta n$，$n_2=n_0-\Delta n$，即汽车右转时，左侧（外侧）车轮转得快，右侧（内侧）车轮转得慢，实现纯滚动。此时依然有 $n_1+n_2=2n_0$。

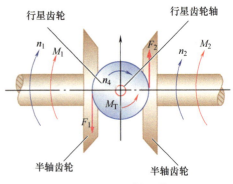

图 1-123　差速器的转矩分配原理

由于行星齿轮的自转，行星齿轮孔与行星齿轮轴轴颈间以及齿轮背部与差速器壳体之间都会产生摩擦。如图 1-123 所示，行星齿轮所受的摩擦力矩 M_T 方向与其自转方向相反，并传到左、右半轴齿轮，使转得快的左半轴的转矩减小，转得慢的右半轴的转矩增加。所以当左、右驱动车轮存在转速差时，$M_1=(M_0-M_T)/2$，$M_2=(M_0+M_T)/2$。但由于有推力垫片的存在，实际中的 M_T 很小，可以忽略不计，则有 $M_1=M_2=M_0/2$。

总结：

① 普通锥齿轮差速器的运动特性：$n_1+n_2=2n_0$。

② 普通锥齿轮差速器的转矩分配特性：$M_1=M_2=M_0/2$，即转矩等量分配特性。

普通锥齿轮差速器转矩等量分配的特性对于汽车在良好路面上行驶是有利的。但汽车在不良路面上行驶时却会严重影响其通过能力。

为了提高汽车通过不良路面的能力，可采用防滑差速器。当汽车某一侧驱动轮发生滑转时，差速器的差速作用即被锁止，并将大部分或全部转矩分配给未滑转的驱动轮，充分利用未滑转车轮与地面之间的附着力，以产生足够的牵引力使汽车继续行驶。

四、半轴的结构

1. 半轴的功用和构造

（1）功用　半轴的功用是将差速器传来的动力传给驱动轮。因其传递的转矩较大，常制成实心轴。

（2）构造　半轴的结构因驱动桥结构形式的不同而异。整体式驱动桥中的半轴为一刚性整轴。而转向驱动桥和断开式驱动桥中的半轴则制成分段式并用万向节连接。半轴内端一般制有外花键与半轴齿轮连接。半轴外端有的直接在轴端锻造出凸缘盘；有的制成花键与单独制成的凸缘盘滑动配合；还有的制成锥形并通过键和螺母与轮毂固定连接。

2. 半轴支承形式

现代汽车常采用全浮式和半浮式 2 种半轴支承形式。

（1）全浮式半轴支承　全浮式半轴支承广泛应用于各型载货汽车上。图 1-124 所示为全浮式半轴支承的示意图。半轴外端锻造有半轴凸缘，用螺栓紧固在轮毂上，轮毂用一对圆锥滚子轴承支承在半轴套管上，半轴套管与空心梁压配成一体，组成驱动桥壳。这种支承形式，半轴与桥壳没有直接联系。半轴内端用花键与半轴齿轮套合，并通过差速器壳支承在主减速器壳的座孔中。

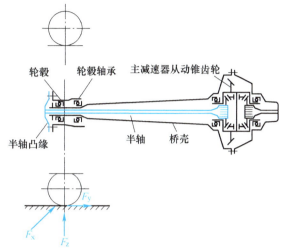

图 1-124　全浮式半轴支承的示意图

这种半轴支承形式，半轴只在两端承受转矩，不承受其他任何反力和弯矩，所以称为全浮式半轴支承。所谓"浮"是相对卸除半轴的弯曲载荷而言。

全浮式半轴支承便于拆装，只需拧下半轴凸缘上的轮毂螺栓，即可将半轴抽出，而车轮和桥壳照样能支承住汽车。

（2）半浮式半轴支承　图 1-125 所示为半浮式半轴支承的示意图。半轴用一个圆锥滚子轴承直接支承在桥壳凸缘的座孔内。车轮与桥壳之间无直接联系，而支承于悬伸出的半轴外端。因此，地面作用于车轮的各种反力都须经半轴外端的悬伸部分传给桥壳，使半轴外端不仅要承受转矩，而且还要承受各种反力及其形成的弯矩。半轴内端通过花键与半轴齿轮连接，不承受弯矩，故称这种支承形式称为半浮式半轴支承。

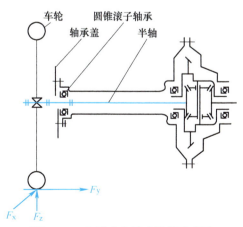

图 1-125　半浮式半轴支承的示意图

半浮式半轴支承结构简单，但半轴受力情况复杂且拆装不便，多用于反力、弯矩较小的各类乘用车上。

五、驱动桥壳的结构

1. 驱动桥壳的功用

驱动桥壳既是传动系统的组成部分，同时也是行驶系统的组成部分。作为传动系统的组成部分，其功用是安装并保护主减速器、差速器和半轴。作为行驶系统的组成部分，其功用是安装悬架或轮毂，和从动桥一起支承汽车悬架以上各部分质量，承受驱动轮传来的反力和力矩，并在驱动轮与悬架之间传力。

由于驱动桥壳承受较复杂的载荷，因此要求驱动桥壳应具有足够的强度和刚度，质量小，还要便于主减速器的拆装和调整。

2. 驱动桥壳的类型

驱动桥壳可分为整体式桥壳和分段式桥壳两种类型，如图 1-126 所示。整体式桥壳一般是铸造的，具有较大的强度和刚度，且便于主减速器的拆装和调整，适用于中型以上货车。分段式桥壳一般分为两段，由螺栓将两段连成一体，现已很少应用。

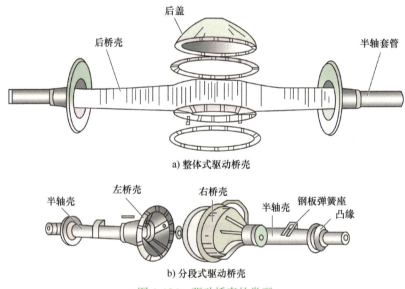

图 1-126　驱动桥壳的类型

任务实施

一、任务实施的环境与条件

1）拆装及检修前车辆可靠驻停。
2）正确选用拆装与检修工具。
3）相关车型维修手册。
4）发动机技术状况良好。

5)仪器操作手册。

6)注意环保及安全操作。

二、任务实施的步骤

1. 差速器的检修

以卡罗拉乘用车差速器为例进行说明,卡罗拉乘用车差速器的结构如图1-127所示。

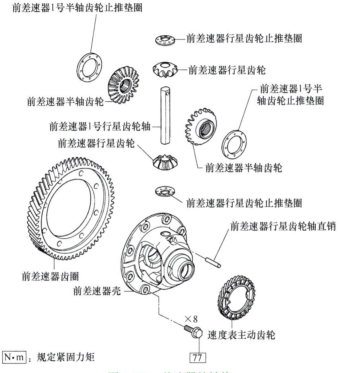

图1-127 差速器的结构

(1)差速器的拆解

1)拆卸速度表主动齿轮。从前差速器壳上拆下速度表主动齿轮,如图1-128所示。

2)拆卸前差速器齿圈。

① 在前差速器齿圈和前差速器壳上做好装配标记,如图1-129所示。

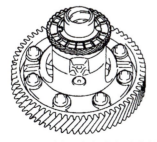

图1-128 拆下速度表主动齿轮

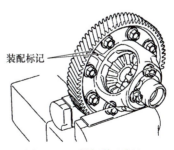

图1-129 做好装配标记

② 拆下8个螺栓。

③ 用塑料锤从前差速器壳上拆下前差速器齿圈，如图1-130所示。

3) 检查前差速器半轴齿轮齿隙。将前差速器行星齿轮装配至前差速器壳侧，用百分表测量前差速器半轴齿轮齿隙（图1-131），标准齿隙为0.05~0.20mm。如果齿隙超出规定范围，更换半轴齿轮止推垫圈。

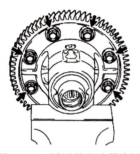

图1-130 拆下前差速器齿圈

图1-131 测量前差速器半轴齿轮齿隙

4) 拆卸前差速器行星齿轮轴直销。

① 用冲子和锤子松开前差速器壳的锁紧部件，如图1-132所示。

② 用尖冲头（φ3mm）和锤子从前差速器壳上拆下前差速器行星齿轮轴直销，如图1-133所示。

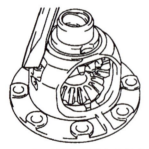

图1-132 松开前差速器壳的锁紧部件

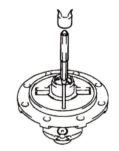

图1-133 拆下前差速器行星齿轮轴直销

5) 拆卸前差速器1号行星齿轮轴。从前差速器壳上拆下前差速器1号行星齿轮轴，如图1-134所示。

6) 拆卸前差速器半轴齿轮。从前差速器壳上拆下2个前差速器行星齿轮、2个前差速器行星齿轮止推垫圈、2个前差速器1号半轴齿轮止推垫圈和2个前差速器半轴齿轮，如图1-135所示。

注意：转动前差速器行星齿轮，拆下2个行星齿轮和2个半轴齿轮。

（2）差速器的检查

1) 检查前差速器行星齿轮止推垫圈。用千分尺测量前差速器行星齿轮止推垫圈的厚度（图1-136），最小厚度为0.92mm。如果厚度小于最小值，更换前差速器行星齿轮止推垫圈。

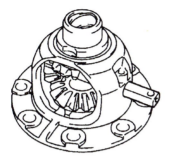 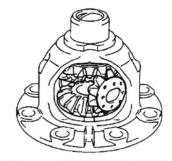

图 1-134　拆下前差速器 1 号行星齿轮轴　　　　图 1-135　拆卸前差速器半轴齿轮

2）检查前差速器 1 号行星齿轮轴。用千分尺测量前差速器 1 号行星齿轮轴的外径（图 1-137），最小外径为 16.982mm。如果外径小于最小值，更换前差速器 1 号行星齿轮轴。

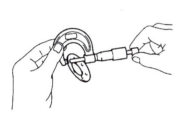 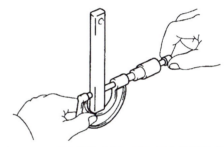

图 1-136　测量前差速器行星齿轮止推垫圈的厚度　　　图 1-137　测量前差速器 1 号行星齿轮轴的外径

（3）差速器的装配

1）安装前差速器半轴齿轮（图 1-135）。

① 在前差速器半轴齿轮滑动面和旋转面上涂抹齿轮油。

② 将 2 个前差速器 1 号半轴齿轮止推垫圈安装至 2 个前差速器半轴齿轮。

③ 将 2 个前差速器半轴齿轮、2 个前差速器行星齿轮和 2 个前差速器行星齿轮止推垫圈安装至前差速器壳。

注意：转动 2 个前差速器半轴齿轮，安装 2 个前差速器行星齿轮和 2 个前差速器行星齿轮止推垫圈。

2）安装前差速器 1 号行星齿轮轴（图 1-134）。

① 在前差速器 1 号行星齿轮轴上涂抹通用润滑脂。

② 将前差速器 1 号行星齿轮轴安装至前差速器壳，使前差速器行星齿轮轴直销孔与前差速器壳上的孔对准。

3）调节前差速器半轴齿轮齿隙。将前差速器行星齿轮安装至前差速器壳侧，用百分表测量前差速器半轴齿轮齿隙（图 1-131），标准齿隙为 0.05~0.20mm。如果齿隙超出规定范围，更换半轴齿轮止推垫圈，止推垫圈的厚度见表 1-3。

表 1-3　止推垫圈厚度　　　　　　　　　　　　（单位：mm）

零件号	厚度
41361-22140	0.95
41361-22020	1.00
41361-22150	1.05
41361-22030	1.10
41361-22160	1.15
41361-22040	1.20

注意： 由于止推垫圈没有任何可识别的标记，用千分尺测量其厚度以选择合适的止推垫圈。为左、右两侧选择厚度相同的垫圈。

4) 安装前差速器行星齿轮轴直销。

① 用尖冲头（$\phi 3mm$）和锤子将前差速器行星齿轮轴直销安装至前差速器壳，如图 1-138 所示。

② 用冲子和锤子锁紧前差速器壳孔，如图 1-139 所示。

5) 安装前差速器齿圈。

① 清洁前差速器壳和齿圈的接触面。

② 用加热器将前差速器齿圈加热到 90~110℃，如图 1-140 所示。

图 1-138　安装前差速器行星齿轮轴直销

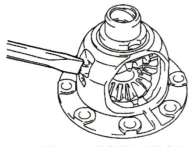

图 1-139　锁紧前差速器壳孔

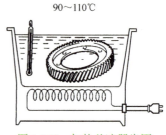

图 1-140　加热差速器齿圈

③ 待齿圈上的水分完全蒸发后，对准 2 个装配标记，将前差速器齿圈迅速安装至前差速器壳（图 1-129）。

④ 安装 8 个螺栓，拧紧力矩为 77N·m。

6) 安装速度表主动齿轮。将速度表主动齿轮安装至前差速器壳（图 1-128）。

2. 半轴的检修

1) 半轴应进行探伤检查，不得有任何形式的裂纹存在。

2）半轴花键应无明显的扭转变形，否则应更换。

3）以半轴轴线为基准，半轴中段圆柱体径向圆跳动误差不得大于1.3mm；花键外圆柱面的径向圆跳动误差不得大于0.25mm；半轴凸缘内侧轴向圆跳动误差不得大于0.15mm。若径向圆跳动超限，应进行冷压校正；若轴向圆跳动超限，可车削端面进行修正。

4）半轴花键与半轴齿轮及凸缘键槽的侧隙不得大于原厂设计规定值的0.15mm。

3. 驱动桥壳的检修

1）驱动桥壳不允许有裂纹存在，半轴套管应进行探伤处理。各部分的螺纹损伤不得超过2牙。

2）钢板弹簧座定位孔的磨损不得大于1.5mm，超限时先进行补焊，然后按原位置重新钻孔。

3）整体式桥壳以半轴套管的两内端轴颈的公共轴线为基准，两外轴颈的径向圆跳动误差超过0.30mm时应进行校正，校正后的径向圆跳动误差不得大于0.08mm。

4）分段式桥壳以桥壳的结合圆柱面、结合平面及另一端内锥面为基准，轮毂的内外轴颈的径向圆跳动误差超过0.25mm时应进行校正，校正后的径向圆跳动误差不得大于0.08mm。

5）驱动桥壳承孔与半轴套管的配合及伸出长度应符合原厂规定，如半轴套管承孔的磨损严重，可将座孔镗至修理尺寸，更换相应的修理尺寸的半轴套管。

6）滚动轴承与桥壳的配合应符合原厂规定。

4. 手动变速驱动桥及驱动轴（半轴）的检修

由于目前轿车普遍采用发动机前置前轮驱动的布置方式，所以采用的都是变速驱动桥，即变速器和驱动桥制成一体，省却了传统的发动机前置后轮驱动布置中的万向传动装置，但在半轴中装用了等速万向节。

（1）变速驱动桥的检查

1）检查手动变速驱动桥的漏油情况。检查的重点部位包括壳体的接合面处、轴或里程表从动绳索伸出的区域、油封处、排油塞和加注塞。

检查时一般是将上述部位用干净抹布擦拭干净，然后在汽车行驶一段时间后再做检查。

2）检查手动变速驱动桥的油位。拆下变速驱动桥的加注塞，将手指插入孔中，检查油液与手指的接触位置，一般齿轮油的液面高度应在加注孔下0~5mm的范围内。

3）手动变速驱动桥齿轮油的更换。

① 拆下加注塞、排油塞及所带的垫片，将齿轮油排放到规定的容器中。

② 将齿轮油排放干净后，用新垫片重新安装排油塞。

③ 重新加注规定量的齿轮油。

④ 用新垫片重新安装加注塞。

（2）驱动轴的检查

1）检查万向节。转动左、右驱动车轮，万向节处应无异响且车轮转动自如。

2）检查驱动轴护套。

① 手动搬动车轮使车轮完全转向一侧，检查驱动轴护套是否有任何裂纹或其他损坏。

② 检查护套卡箍是否安装正确且无损坏。

③ 检查护套处是否有油脂渗漏。

三、技能训练及相关实践知识

汽车驱动桥检修技能训练

【训练任务】客户所驾驶的轿车出现故障,该车行驶一段里程后,用手探试驱动桥壳中部或主减速器壳,有无法忍受的烫手感觉。维修人员需对汽车驱动桥进行检修,并向客户解释故障产生的原因。

【训练建议】以小组形式完成。制订故障诊断与排除的基本流程,并按要求逐项填写技能训练评价表。

【评价建议】可用如下技能训练评价表对学生操作技能进行评价。

技能训练评价表

学生姓名					
测评日期			测评地点		
测评内容			汽车驱动桥检修		
考评标准	内容	分值/分	自评	互评	师评
	变速器的检修	40			
	半轴的检修	20			
	驱动桥壳的检修	20			
	手动变速驱动桥及驱动轴(半轴)的检修	20			
	合计	100			
最终得分(自评 30%+ 互评 30%+ 师评 40%)					

说明:测评满分为 100 分,60~74 分为及格,75~84 分为良好,85 分以上为优秀。60 分以下的学生,需重新进行知识学习、任务训练,直到任务完成达到合格为止。

>>>>>> 归纳总结

驱动桥一般是由主减速器、差速器、半轴和驱动桥壳等组成。驱动桥各组成部分的具体功用如下:主减速器的功用是降速增矩,改变动力传递方向;差速器的功用是允许左、右驱动车轮以不同的转速旋转;半轴的功用是将动力由差速器传给驱动车轮。

驱动桥可以分为整体式驱动桥和断开式驱动桥。差速器按其工作特性的不同,可分为普通齿轮差速器和防滑差速器两大类。普通齿轮差速器由圆锥行星齿轮、行星齿轮轴、圆锥半轴齿轮和差速器壳等组成。半轴的功用是将差速器传来的动力传给驱动车轮。因其传递的转矩较大,常制成实心轴。现代汽车常采用全浮式半轴支承和半浮式半轴支承两种形式,驱动桥壳可分为整体式桥壳和分段式桥壳两种类型。

思考题

1. 对照实物或图片说明常见主减速器的结构和工作原理。
2. 说明主减速器的调整内容和方法。
3. 对照实物和图片说明锥齿轮差速器各零部件的名称及连接关系。
4. 对照实物和图片说明锥齿轮差速器在直线行驶和转向行驶时的工作原理。
5. 对照实物或图片说明半轴的支承形式。
6. 说明驱动桥壳的功用。
7. 简述差速器的检修方法。
8. 简述半轴的检修内容。

 拓展提高

普通齿轮差速器使汽车通过坏路的行驶能力受到限制,为了提高汽车通过坏路面的能力,可采用防滑差速器。当汽车某一侧驱动轮发生滑转时,差速器的差速作用即被锁止,并将大部分或全部转矩分配给未滑转的驱动轮,充分利用未滑转车轮与地面之间的附着力,以产生足够的牵引力使汽车继续行驶。

一、强制锁止式差速器

图1-141所示为汽车强制锁止式差速器,由牙嵌式接合器及其操纵机构两大部分构成差速锁。牙嵌式接合器的固定接合套26用花键与差速器壳24左端连接,并用弹性挡圈27轴向限位。滑动接合套28用花键与左半轴29连接,并可在轴上轴向滑动。操纵机构的拨叉37装在拨叉轴36上,并可沿导向轴39轴向滑动,其叉形部分插入滑动接合套28的环槽中。

当汽车在良好路面上行驶时,不需要锁止差速器,牙嵌式接合器的固定接合套26与滑动接合套28处于分离状态,即为普通行星锥齿轮差速器。

当汽车通过不良路面需要锁止差速器时,通过驾驶人的操纵,压缩空气由气管接头30进入气动活塞缸左腔,推动带密封圈的活塞31右移,并经调整螺钉33和拨叉轴36推动拨叉37和压缩弹簧38右移,从而拨动滑动接合套28右移与固定接合套26嵌合,将左半轴29与差速器壳24连成一个整体,则左、右两半轴转矩便可全部分配给良好路面上的车轮。与此同时,差速锁指示灯开关32接通,驾驶室内指示灯亮,以提醒驾驶人差速器处于锁止状态,汽车驶出不良路面后应及时摘下差速锁。

当汽车通过不良路面后驶上良好路面时,需要解除差速器的锁止,可通过操纵机构放掉气动活塞缸内的压缩空气,则作用在活塞左端面的气压力消失,拨叉37及滑动接合套28在弹簧38的作用下左移复位,接合器分离,差速器恢复差速作用,同时差速器指示灯熄灭。

二、自锁式差速器

自锁式差速器有摩擦片式、滑块凸轮式等多种结构形式。

图1-142所示为摩擦片式自锁差速器。在两半轴齿轮背面与差速器壳之间各安装了1套摩擦式离合器,该离合器由推力压盘、主动摩擦片、从动摩擦片组成。推力压盘以内花键与

半轴连接，外花键与从动摩擦片的内花键连接。主动摩擦片的外花键与差速器壳的内花键连接。主、从动摩擦片及推力压盘均可做微小的轴向移动。十字轴由两根互相垂直的行星齿轮轴组成，其轴颈端部均切有凸 V 形斜面，差速器壳上的配合孔较大，相应地也加工有凹 V 形斜面。两行星齿轮轴的 V 形面是反向安装的。

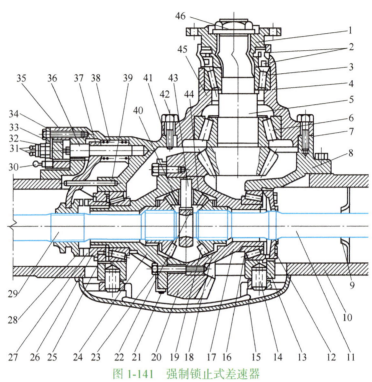

图 1-141　强制锁止式差速器

1—传动凸缘　2—油封　3、6、16—轴承　4—调整隔圈　5—主减速器主动锥齿轮　7—调整垫片　8—主减速器壳　9—挡油盘　10—驱动桥壳　11—右半轴　12—带挡油盘的调整螺母　13—轴承盖　14—定位销　15—集油槽　17、24—差速器壳　18—推力垫片　19—半轴齿轮　20—主减速器从动锥齿轮　21—锁板　22—衬套　23、42—螺栓　25—调整螺母　26—固定接合套　27—弹性挡圈　28—滑动接合套　29—左半轴　30—气管接头　31—带密封圈的活塞　32—差速锁指示灯开关　33—调整螺钉及其锁紧螺母　34—缸盖　35—缸体　36—拨叉轴　37—拨叉　38—弹簧　39—导向轴　40—行星齿轮　41—密封圈　43—十字轴　44—推力垫圈　45—轴承座　46—螺母

当汽车直线行驶、两半轴无转速差时，转矩平均分配给两半轴。由于差速器壳通过 V 形斜面驱动行星齿轮轴，在传递转矩时，斜面上产生的平行于差速器轴线的轴向分力迫使两根行星齿轮轴分别向左、右方向略微移动，通过行星齿轮推动推力压盘压紧摩擦片。此时转矩经两条路线传给半轴：一路经行星齿轮轴、行星齿轮和半轴齿轮将大部分转矩传给半轴；另一路则由差速器壳、主动摩擦片、从动摩擦片、推力压盘传给半轴。

当汽车转弯或一侧车轮在不良路面上滑转时，行星齿轮自转，差速器起差速作用，使左、右半轴转速不相等。由于转速差及轴向力的存在，主、从动摩擦片间将产生摩擦力矩，且经从动摩擦片及推力压盘传给两半轴的摩擦力矩方向相反；摩擦力矩的方向与转速快的半轴的转向相反，而与转速慢的半轴的转向相同，因而使得转速慢的半轴所分配到的转矩大于转速快的半轴所分配到的转矩。摩擦作用越强,两半轴的转矩差越大,最大可达5~7倍。摩擦片式自锁差速器结构简单、工作平稳,多用于轿车或轻型载货汽车。

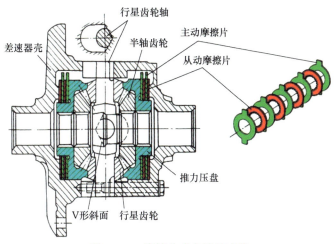

图 1-142 摩擦片式自锁差速器

三、托森差速器

奥迪 A4 四轮驱动乘用车采用托森差速器。它是一种中央轴间差速器,在整车传动系统中的安装位置如图 1-143 所示。

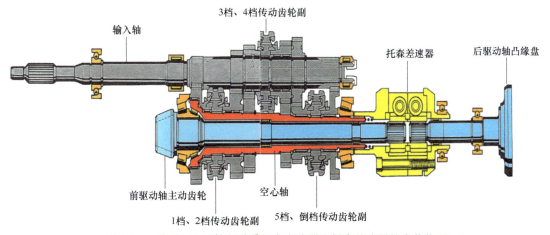

图 1-143 奥迪 A4 四轮驱动乘用车变速器和托森差速器的安装位置

发动机输出的转矩经输入轴输入变速器,经相应档位变速后,由输出轴(空心轴)输入到托森差速器的外壳,经托森差速器的差速作用,一部分转矩通过前驱动轴主动齿轮传至前桥,另一部分转矩通过后驱动轴凸缘盘传至后桥,实现前、后轴同时驱动和前、后轴转矩的自动调节。

托森差速器的结构如图 1-144 所示。

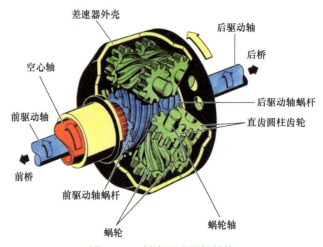

图1-144 托森差速器的结构

"托森"这个名称是格里森公司的注册商标,表示"转矩—灵敏差速器"。托森差速器采用了蜗轮—蜗杆传动的基本原理,在设计时可使蜗轮—蜗杆具有高、低不同的自锁值,自锁值大小取决于蜗杆的导程角及传动的摩擦条件。导程角越小,自锁值越大,反之,导程角越大,自锁值越小。当所设计的蜗轮—蜗杆无自锁作用时,驱动力既可来源于蜗杆,也可来源于蜗轮。托森差速器自锁值的设计应介于上述两种状态之间,其锁紧系数大约为3。

当某一驱动轴的附着力下降时,托森差速器可使较大驱动力分配到附着作用较好的车轴上,前后两驱动轴分配驱动力的最大比值为1:3.5,这样,即使在附着条件很差的情况下,即一轴在冰面上,另一轴在雪地上也可以传递足以驱动车轮的驱动力。

项目二

汽车行驶系统检修

通过本项目的学习,你将懂得汽车行驶系统的结构、组成及工作原理,并具备从事汽车行驶系统维护及检修等工作的能力。

能够:
- 了解汽车车架的基本组成和检修方法。
- 熟练掌握汽车车桥的结构特点、车轮定位以及汽车车桥的检修方法。
- 熟练掌握汽车车轮总成的结构特点和检修方法。
- 熟练掌握汽车悬架的作用、组成、工作原理和检修方法。

搜集国之重器——SPMT 平板车的相关资料,你将懂得装备有 1152 个车轮的 SPMT 平板车的基本结构特点和主要用途,增强民族自豪感。

能够:
- 了解 SPMT 平板车的基本结构特点和主要用途。
- 激发热爱祖国、报效祖国的热情,培养创新精神。

某客户抱怨他所驾驶的桑塔纳乘用车在直线行驶时必须紧握转向盘,才能保持直线行

驶；若稍微放松转向盘，汽车会自动偏向一边行驶，故要求排除故障、修复此车。

汽车行驶系统检修主要包括汽车车架检修、汽车车桥检修、汽车车轮总成检修、汽车悬架检修。

任务一　汽车车架检修

知识点：①车架的类型及结构。②车架的失效形式。③车架常见的损伤及其原因。
能力点：汽车车架的检修。

任务情境

汽车车架检修

客户反映，他所驾驶的乘用车发生碰撞后，汽车一直向右跑偏，师傅让维修工小李来对车辆进行检查，查找并排除故障。小李很快上手，并完成了这项任务。

任务分析

该任务是检修汽车车架。完成此任务需要掌握车架的类型及结构；掌握车架的失效形式；了解车架常见的损伤及其原因；掌握汽车车架的检修方法。

相关专业知识

汽车的车架俗称"大梁"（图2-1），它是跨接在前后车轮上的桥梁式结构，是构成整个汽车的骨架，是整个汽车的装配基体，汽车绝大多数的零部件、总成（如发动机、变速器、转向器等）都要安装在车架上。

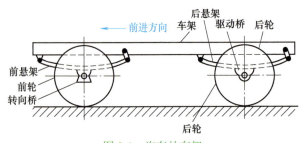

图2-1　汽车的车架

车架除承受静载荷外,还要承受汽车行驶时来自路面的各种复杂载荷的作用,如汽车加速、制动时的纵向力,汽车转弯、侧坡行驶时的侧向力,不良路面传来的冲击等。因此,车架必须满足下列要求:①具有足够的强度、刚度;②在结构上应使零件安装方便,受力均匀,不造成应力集中;③在保证强度、刚度的条件下尽可能减小质量;④满足汽车总布置的要求,各运动件不发生运动干涉,能获得较低的汽车重心(保证离地间隙)和较大的前轮转向角,保证汽车行驶稳定性和转向灵活性。

一、车架的类型及结构

汽车上采用的车架有边梁式车架、中梁式车架、综合式车架和无梁式车架 4 种类型。目前汽车上多采用边梁式车架和无梁式车架。

1. 边梁式车架

边梁式车架由两根位于两边的纵梁和若干横梁组成,用铆接法或焊接法将纵梁与横梁连接成坚固的刚性构架,如图 2-2 所示。

图 2-2 边梁式车架

纵梁通常用低碳合金钢板冲压而成,断面形状一般为槽形,也有的做成 Z 字形或箱形断面。根据汽车不同结构布置的要求及其受力情况,纵梁可以在水平面内或纵向平面内做成弯曲的,以及等断面或非等断面的。

横梁一般用钢板冲压成槽形,不仅用来连接左、右 2 个纵梁,使之成为 1 个完整的框架构件,保证车架的扭转刚度和承受纵向载荷,而且还可以支承发动机、散热器等主要部件。

边梁式车架结构简单、便于整车的布置,所以在各种类型的汽车上都有广泛应用。

纵梁的结构具有以下特点:

1)从宽度上看,有前窄后宽、前宽后窄和前后等宽 3 种形式。前窄使前轮具有足够的偏转角度,提高了车辆的机动性能;后窄用于重型车辆,便于布置双胎。

2)从平面度上看,有水平的和弯曲的两种形式。水平的纵梁便于零部件、总成的安装和布置;弯曲的纵梁可以降低车辆重心。

3)从断面形状上看,有槽形、Z 字形、工字形和箱形几种。这些形状主要是为了满足车架在质量小的前提下具有足够的强度和刚度,以承受各种载荷。

2. 中梁式车架

中梁式车架又称为脊梁式车架,由 1 根贯穿汽车纵向的中央纵梁和若干根横向悬伸托架组成(图 2-3)。中央纵梁的断面一般是管形或箱形,其前端做成伸出支架,用以固定发动机。传动轴在中央纵梁内穿过。主减速器壳通常固定在梁的尾端,形成断开式后驱动桥,中央纵梁上的悬伸托架用以支承汽车车身和安装其他机件。

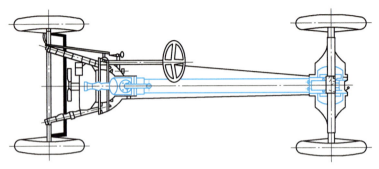

图 2-3　中梁式车架

中梁式车架有较好的扭转刚度和较大的前轮转向角,便于装用独立悬架,整车质量小,重心低,行驶稳定性好,传动轴是被中央纵梁密封的,可防尘。但这种车架制造工艺复杂,精度要求高,总成安装比较困难,故目前应用不多。

3. 综合式车架

综合式车架是由边梁式和中梁式车架结合而成的,如图 2-4 所示。车架前段或后段近似边梁式结构,便于分别安装发动机或驱动桥。传动轴从中梁中间穿过。这种结构制造工艺复杂,目前应用也不多。

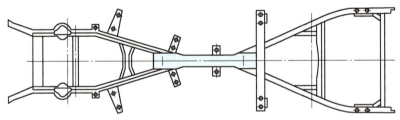

图 2-4　综合式车架

4. 无梁式车架

部分乘用车和客车为减小自身质量,以车身代替车架,这种车身称为承载式车身或无梁式车架。图 2-5 所示为客车承载式车身,图 2-6 所示为乘用车的车身组成。采用承载式车身的特点是没有车架(大梁),由车身作为发动机和底盘各总成的安装基础,各种载荷全部由车身承受。

乘用车车身总成结构主要包括:车身壳体、车门、车窗、车前后钣金件、车身内外装饰件、车身附件、座椅以及通风装置等。车身壳体是一切车身部件和零件的安装基础,由纵、横梁支柱等主要承力元件,以及与它们相连接的钣金件经焊接而共同组成的刚性空间结构。

车前后钣金件包括散热器框架前后围板、发动机罩、前后翼子板、挡泥板等,这些钣金件形成了容纳发动机、车轮等部件的空间。

图 2-5　客车承载式车身

图 2-6　乘用车的车身组成

二、车架的失效形式

车架在使用过程中往往会出现变形（包括弯曲变形、扭转变形）、裂纹、锈蚀、螺栓和铆钉松动等失效形式。

由于车架是汽车的装配基体,并承受各种载荷的作用,在某些情况下有可能出现车架的弯曲和扭转变形。车架的变形会导致汽车各总成之间的装配、连接位置发生变化,使得各系统出现故障。

为了满足汽车整体布局、安装的需要,车架常要制成各种形状,在形状急剧变化的地方往往会由于应力集中而导致裂纹、断裂,所以在早期发现车架的裂纹对于汽车的安全非常重要。

恶劣的工作环境往往会使汽车车架锈蚀,路面不平产生的冲击振动会使螺栓、铆钉等出现松动。

三、车架常见的损伤及其原因

1. 车架侧向弯曲(侧摆)

车架前部或后部的侧向弯曲通常是指车辆受到撞击使车架前后发生侧向变形的结果。在这种情况下,一侧的轴距比另一侧长。这种侧向弯曲会使汽车自行向轴距较短的一侧跑偏。

完全侧向弯曲发生在车辆受撞击时,撞击点在车辆一侧中点附近。完全侧向弯曲导致车架略呈 V 字形。

2. 车架向下弯曲(下陷)

车架向下弯曲通常是车架前部或后部直接受到撞击所致。这种情况发生时,车架边梁的前部或后部相对于车架中心向上拱起变形。如果车辆上一侧承受的冲击力比另一侧更多,左右侧轴距的尺寸很可能会不相同。

前横梁可能在受撞击时向下弯曲。当这根梁下陷时,双横臂悬架系统的上摆臂彼此靠近。如果麦弗逊式前悬架发生下陷,它的滑柱顶部也会相互靠近。在这两种的任何一种前悬架中,下陷状态会使车轮顶部向内移而使车轮外倾角变成负值。

3. 车架纵弯曲

车架发生纵弯曲时,发动机罩与前保险杠之间的距离小于规定值,或者后轮与后保险杠之间的距离小于规定值,在许多车架纵弯曲的情况下,车辆的一侧或两侧的轴距变小。车架纵弯曲是车架正前方或正后方受到撞击所致,这种撞击可使车架侧面向外鼓起,尤其是承载式车身。在这种情况下,边梁和门框会发生扭曲变形。

4. 车架菱形变形

车架菱形变形出现在车架撞击受损而不再保持相互垂直的时候。在这种情况下,车架的形状像一只四边形的框架。如果右后轮相对左后轮被撞向后方,后悬架会向右转,而这又使车辆向左转向。此时,汽车转向盘必须不断向右转才能抵消向左转向的侧向力。车架的菱形变形通常出现在采用边梁式车架的车辆上,而采用承载式车身的车辆很少有这种变形发生。

5. 车架扭曲

车架扭曲是指车架的一只角翘曲高于其余的角。发生扭曲的底盘前面或后面不再与路面保持水平,形状很像一根麻花。车架扭曲通常由翻车事故引起。

任务实施

一、任务实施的环境与条件

1)拆装及检修前,车辆可靠驻停。
2)正确选用拆装与检修工具。
3)相关车型维修手册。
4)发动机技术状况良好。
5)仪器操作手册。
6)注意环保及安全操作。

二、任务实施的步骤

1. 车架外观检查

从外观上检查车架是否有严重的变形、裂纹、锈蚀、螺栓或铆钉松动等现象。

2. 车架变形的检修

车架弯曲的检查可以通过拉线、直尺等来测量、检查。一般要检查车架上平面和侧平面的直线度误差，车架纵梁直线度允许误差为 1000mm、长度上不大于 3mm。

车架扭转通常采用对角线法进行测量。如图 2-7 所示，分段测量车架各段对角线 1-1、2-2、3-3、4-4 的长度，其长度差不应超过 5mm。如果车架的各项几何误差有超过标准值的，则应进行校正。

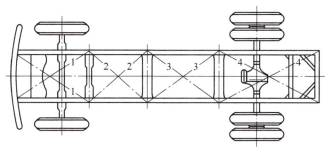

图 2-7　车架扭转的检查

3. 车架裂纹的检修

车架出现裂纹，应根据裂纹的长短及所在部位的不同，采取不同的修复方法。微小的裂纹可以采用焊修的方法。裂纹较长但未扩展至整个断面，且处于受力不大的部位，则应先进行焊修，再用三角形腹板进行加强，如图 2-8 所示。

如果裂纹已扩展到整个断面，或虽未扩展到整个断面但在受力较大的部位时，应先对裂纹进行焊修，然后用角形或槽形腹板进行加强，如图 2-9 所示。加强腹板在车架上的固定可以采用铆接、焊接或铆焊结合的方法。采用铆接方法时，铆钉孔应上下交错排列。采用铆焊结合的方法时，应先铆后焊，以免降低铆接质量。采用焊接方法时，应尽量减少焊接部位的应力集中。

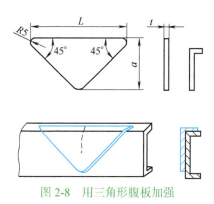

图 2-8　用三角形腹板加强

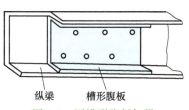

图 2-9　用槽形腹板加强

三、技能训练及相关实践知识

汽车车架检修技能训练

【训练任务】客户所驾驶的乘用车发生碰撞后,汽车一直向右跑偏。维修人员对汽车车架进行检修,并向客户解释故障产生的原因。

【训练建议】以小组形式完成。制订故障诊断与排除的基本流程,并按要求逐项填写技能训练评价表。

【评价建议】可用如下技能训练评价表对学生操作技能进行评价。

技能训练评价表

学生姓名					
测评日期			测评地点		
测评内容			汽车车架检修		
考评标准	内容	分值/分	自评	互评	师评
	车架外观检查	30			
	车架变形的检修	40			
	车架裂纹的检修	30			
	合计	100			
最终得分(自评30%+互评30%+师评40%)					

说明:测评满分为100分,60~74分为及格,75~84分为良好,85分以上为优秀。60分以下的学生,需重新进行知识学习、任务训练,直到任务完成达到合格为止

>>>>>> 归纳总结

车架是跨接在前后车轮上的桥梁式结构,是构成整个汽车的骨架,是整个汽车的装配基体,汽车绝大多数的零部件、总成(如发动机、变速器、转向器等)都要安装在车架上。汽车上采用的车架有边梁式车架、中梁式车架、综合式车架和无梁式车架。目前汽车上多采用边梁式车架和无梁式车架。车架在使用过程中往往会出现变形(包括弯曲变形、扭转变形)、裂纹、锈蚀、螺栓和铆钉松动等失效形式。车架常见的损伤有车架侧向弯曲(侧摆)、车架向下弯曲(下陷)、车架纵弯曲、车架菱形变形和车架扭曲。

💡 思考题

1. 简述车架的功用及对车架的要求。
2. 简述车架的种类及其结构特点。
3. 车架常见的损伤及其原因有哪些?

项目二　汽车行驶系统检修

任务二　汽车车桥检修

知识点： ①车桥概述。②转向桥的结构。③转向驱动桥的结构。④支持桥的结构。⑤车轮定位的作用及原理。

能力点： 汽车车桥的检修。

任务情境

汽车车桥检修

客户反映，他所驾驶的乘用车随着车速的提高，车辆摆振逐渐增大，行驶不稳，甚至还会造成转向盘抖动，师傅让维修工小李来对车辆进行检查，查找并排除故障。小李很快上手，并完成了这项任务。

任务分析

该任务是检修汽车车桥。完成此任务需要了解车桥定义及类型；掌握转向桥的结构特点；掌握转向驱动桥的结构特点；掌握支持桥的结构特点；掌握车轮定位的作用及原理；掌握汽车车桥的检修方法。

相关专业知识

一、车桥概述

车桥位于悬架与车轮总成之间，其两端装有车轮总成，通过悬架与车架（或车身）相连，其功用是传递车架（或车身）与车轮总成之间的各种载荷。

按悬架结构形式的不同，车桥分为整体式和断开式 2 种，如图 2-10 所示。整体式车桥的中部是刚性实心或空心梁，与非独立悬架配用；断开式车桥为活动关节式结构，与独立悬架配用。

按车桥上车轮的作用不同，车桥分为转向桥、驱动桥、转向驱动桥和支持桥 4 种类型。其中转向桥和支持桥都属于从动桥。

在后轮驱动的汽车中，前桥不仅用于承载，而且兼起转向作用，称为转向桥；后桥不仅用于承载，而且兼起驱动的作用，称为驱动桥。

越野汽车和前轮驱动汽车的前桥，除了用于承载和转向外，还兼起驱动作用，所以称为转向驱动桥。

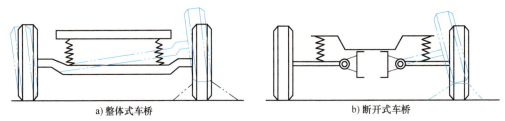

图 2-10 整体式和断开式车桥

只起支承作用的车桥称为支持桥。挂车的车桥就是支持桥。支持桥除不能转向外,其他功能和结构与转向桥相同。

二、转向桥的结构

转向桥通常位于汽车前部,故也称为前桥。转向桥的作用是支承部分重量,安装前轮及制动器(前),连接车架,承受车架与车轮之间的作用力及其产生的弯矩和转矩,同时还要使前轮偏转以实现转向。转向桥一般由前轴、转向节、主销、轮毂 4 部分组成。前轴是转向桥的主体,根据断面形状分为"工"字梁式和管式 2 种。载货汽车转向桥的结构如图 2-11 所示。

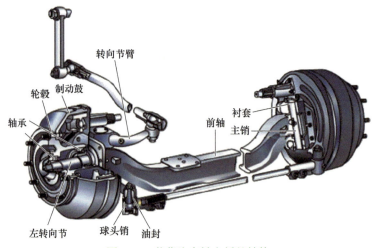

图 2-11 载货汽车转向桥的结构

1. 前轴

前轴是转向桥的主体,如图 2-12 所示,一般由中碳钢经模锻制成。前轴为"工"字形断面,提高了抗弯强度,故又称为"工"字梁。

2. 转向节

转向节与前轴通过主销采用铰接连接,形似羊角,故又称为羊角,如图 2-13 所示。它是一个叉形件,由上下两耳和支承轮毂轴承的轴颈构成。

为了防止转向时轮胎与转向直拉杆或翼子板相碰擦,转向轮的最大转角不能超过规定值,为此在转向节上装有限位螺栓。它与前轴两端的限位凸块相配合,可以调整转向轮的最大转角。

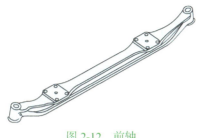
图 2-12 前轴

图 2-13 转向节

3. 主销

主销的作用是铰接前轴与转向节，使转向节能绕着主销摆动，以使车轮偏转实现转向。主销的中部切有凹槽，安装时用锥形锁销与它配合，使其固定在前轴的销孔中，防止其相对前轴转动。

4. 轮毂

轮毂的作用是将车身或半轴传来的各种作用力或转矩传递到整个车轮以及在车辆行驶过程中随车轮一起旋转的旋转件上，如制动鼓或制动盘、轮速传感器的齿圈等。前轮轮毂通过内外两轮毂轴承装在转向节轴颈上，轴承的预紧度可以用调整螺母调整，调好后，套上锁环和锁紧垫圈，再拧紧锁紧螺母，并用锁紧垫圈弯曲片包住锁紧螺母，以防松动。在轮毂外端装有端盖，以防泥水和尘土侵入。轮毂内侧装有油封和挡油盘，以防润滑脂进入车轮制动器内。

三、转向驱动桥的结构

转向驱动桥如图 2-14 所示，它同一般驱动桥一样，由主减速器、差速器、半轴和桥壳组成。但由于转向时转向轮需要绕主销偏转一个角度，故与转向轮相连的半轴必须分成内外两段（内半轴和外半轴），其间用万向节（一般多用等速万向节）连接，同时主销也因此而分制成两段（或用球头销代替）。转向节轴颈部分做成中空的，以便外半轴穿过其中。

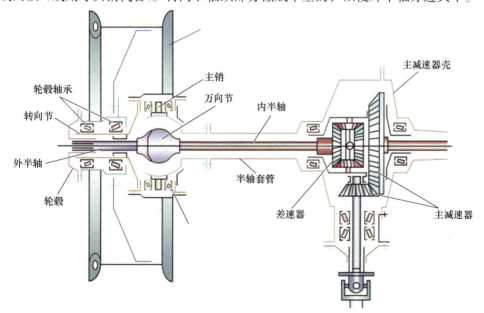

图 2-14 转向驱动桥

图 2-15 所示为乘用车的转向驱动桥，采用的是断开式、独立悬架转向驱动桥。车桥上端通过左、右悬架与承载式车身相连接，下端通过左、右下摆臂与固定在车身上的副车架相连接。

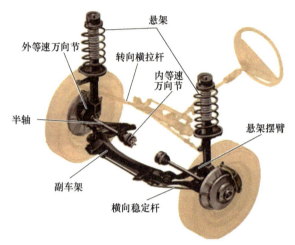

图 2-15 乘用车的转向驱动桥（主减速器和差速器未画出）

四、支持桥的结构

一般乘用车为发动机前置前轮驱动，其前桥为转向驱动桥，后桥为支持桥，支持桥一般采用纵向摆臂式车桥，后悬架为非独立悬架，其结构如图 2-16 所示。

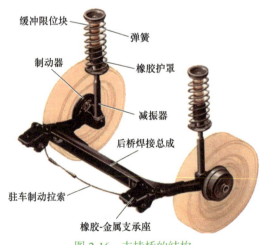

图 2-16 支持桥的结构

五、车轮定位的作用及原理

1. 转向轮定位

为了保证汽车直线行驶的稳定性和操纵的轻便性，减少轮胎和其他机件的磨损，主销、转向节和前轴三者与车架的安装应保持一定的相对位置关系，这种安装位置关系称为转向轮定位，也称前轮定位。

对于两端装有主销的转向桥，汽车转向时，转向车轮会围绕主销轴线偏转，如图 2-17a 所示。但在大多数断开式转向桥中没有主销，而是采用上、下球头销代替主销，上、下球头销球头中心的连心线相当于主销轴线，如图 2-17b 所示。

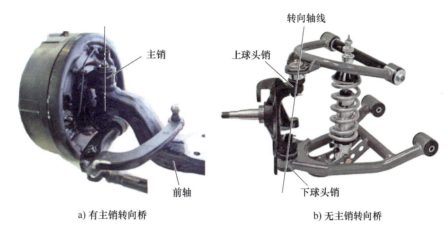

a) 有主销转向桥　　　　　　　　　　b) 无主销转向桥

图 2-17　主销的不同形式

转向轮定位包括主销后倾、主销内倾、前轮外倾及前轮前束 4 个参数。现以有主销的转向桥为例说明转向轮定位。

（1）主销后倾　主销安装在前轴上，其上端略向后倾斜，这种现象称为主销后倾。在垂直于汽车支承平面的纵向平面内，主销轴线与汽车支承平面垂线之间的夹角 γ 称为主销后倾角，如图 2-18 所示。

主销后倾的功用是形成回正力矩，保证汽车直线行驶的稳定性，并使汽车转向后回正操纵轻便。

主销后倾角越大、车速越高，回正力矩越大，转向轮偏转后自动回正的能力也越强。但主销后倾角不宜过大，一般为 2°~3°，否则在转向时为了克服此力矩，驾驶人需在转向盘上施加较大的力，使转向沉重。

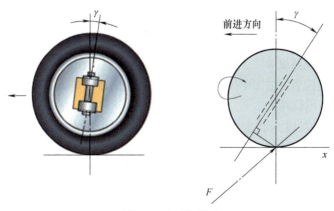

图 2-18　主销后倾

此外，有些汽车由于采用超低压轮胎，弹性增加，转向时因轮胎弹性变形而使轮胎与路面的接触点后移，使回正力矩增加，故主销后倾角可以减小，甚至为负值（即主销前倾）。

主销后倾角一般是将前轴连同悬架安装在车架上时，使前轴向后倾斜而形成的。

（2）主销内倾　主销安装在前轴上，其上端略向内侧倾斜，这种现象称为主销内倾。在垂直于汽车支承平面的横向平面内，主销轴线与汽车支承平面垂线之间的夹角 β 称为主销内倾角，如图 2-19 所示。

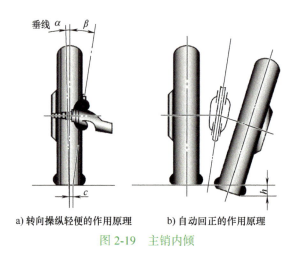

a) 转向操纵轻便的作用原理　　b) 自动回正的作用原理

图 2-19　主销内倾

1）主销内倾的功用。主销内倾的功用是使转向轮自动回正，并使转向操纵轻便。

2）主销内倾原理。

① 主销内倾具有使转向轮转向操纵轻便的作用（图 2-19a）。由于主销内倾，使主销轴线的延长线与地面的交点至车轮中心平面与地面交点之间的距离 c 缩短（在有些维修资料中将距离 c 称为偏置或磨胎半径），转向时，路面作用在转向轮上的阻力对主销轴线产生的力矩减小，从而可减少转向时驾驶人施加在转向盘上的力，使转向操纵轻便。同时还可以减小因路面不平而从转向轮传到转向盘上的冲击力。

② 主销内倾具有使转向轮自动回正的作用。当转向轮在外力作用下绕主销旋转（为了解释方便，假设旋转 180°，即由图 2-19b 中左边位置转到右边位置）而偏离中间位置时，由于主销内倾，车轮的最低点将陷入路面以下 h 处，即车轮必须将路面压低距离 h 后才能旋转过来，但实际上路面不可能被压低，车轮下边缘不可能陷入路面之下，而是车轮连同整个汽车前部被向上抬起相应高度 h。一旦外力消失，转向轮就会在汽车前部重力作用下力图自动回正到旋转前的中间位置。主销内倾角越大、转向轮偏转角越大，汽车前部就抬起得越高，转向轮自动回正的作用就越大。

主销内倾角既不宜过大，也不宜太小。主销内倾角过大（偏置 c 减小），转向时，车轮在滚动的同时将与路面产生较大的滑动，增加轮胎与路面的摩擦阻力，这不仅使转向沉重，而且加速了轮胎的磨损，故主销内倾角一般不大于 8°，偏置 c 一般为 40~60mm；主销内倾角过小（偏置 c 增大），汽车行驶的稳定性和制动稳定性将变差。在一些发动机前置前轮驱动的汽车上，为了使汽车具有良好的行驶稳定性，特别是制动稳定性，其主销内倾角均较大。

整体式转向桥的主销内倾角是通过在制造前轴时将销孔轴线上端向内倾斜而获得的。

主销后倾和主销内倾都具有使车轮自动回正及保证汽车直线行驶稳定性的作用，但其区别在于：主销后倾角的回正作用随着车速的增高而增大，而主销内倾的回正作用几乎与车速无关。

（3）前轮外倾　转向轮安装在转向节上时，其旋转平面上端向外倾斜，这种现象称为车轮外倾。车轮旋转平面与垂直于车辆支承面的纵向平面之间的夹角 α 称为车轮外倾角，如图 2-19a 所示。

车轮外倾角的功用是提高车轮工作的安全性和转向操纵的轻便性。

由于主销与衬套之间、轮毂与轴承等处都存在着装配间隙，若空车时车轮的安装正好垂直于路面，则满载时上述间隙将发生变化，车桥也因承载而变形，从而引起车轮向内倾斜。车轮内倾将使路面对车轮的垂直反作用力的轴向分力压向轮毂外端的小轴承，使该轴承及其锁紧螺母等件承受的载荷增大，降低了它们的使用寿命，严重时会损坏锁紧螺母而使车轮脱落。为此，安装车轮时预先留有一定的外倾角，防止出现上述不良影响。车轮外倾与主销内倾相配合可进一步缩短距离 c（参见图 2-19a），使汽车转向轻便。此外，车轮有一定的外倾角也可以与拱形路面相适应。但车轮外倾角不宜过大，否则会使轮胎产生偏磨损。一般前轮外倾角为 $1°$ 左右。

有的汽车的前轮外倾角为负值，这样在汽车转向时可避免车身过分倾斜。

（4）前轮前束　车轮安装在车桥上，两前轮的中心平面不平行，两前轮后端距离 A 大于前端距离 B，$A-B$ 的差值称为前轮前束，如图 2-20 所示。

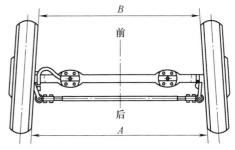

图 2-20　前轮前束

前轮前束的功用是消除因车轮外倾所造成的不良后果，保证车轮不向外滚动，防止车轮侧滑和减轻轮胎的磨损。

由于车轮外倾，汽车行驶时，两个车轮的滚动类似于两个锥体的滚动，其轨迹不再是直线而是逐渐向各自的外侧滚开。但因受车桥和转向横拉杆的约束，两侧车轮不可能向外滚开，这样，车轮在路面上滚动行驶的同时又被强制地拉向内侧，产生向内的侧滑，从而加剧轮胎的磨损。有了前束，车轮滚动的轨迹是向内侧偏斜，只要前束值与车轮外倾角配合适当，车轮向内、外侧滚动的偏斜量就会相互抵消，使车轮每一瞬间的滚动方向都朝着正前方，从而消除了侧滑，减轻了轮胎的磨损。

前轮前束值可以通过改变转向横拉杆的长度来调整，一般前束值为 0~12mm。

2. 非转向轮定位

后轮与后轴之间的相对安装位置关系，称为后轮定位。随着车速的不断提高，为了提高汽车高速行驶的稳定性，在结构设计上应确保汽车具有不足转向特性。为此，转向轮定位的内容已扩展到非转向轮（后轮）。汽车后轮具有一定程度的外倾角和前束。

后轮定位内容主要包括后轮外倾角和后轮前束。

（1）后轮外倾角　为了对载荷进行补偿，采用独立后悬架的大多数车辆常带有一个较小的正后轮外倾角。

（2）后轮前束　后轮前束的作用与前轮前束基本相同。一般，前轮驱动汽车的前驱动轮宜采用正前束，后从动轮宜采用负前束；对于后轮驱动汽车，前从动轮宜采用负前束，后驱动轮宜采用正前束。

任务实施

一、任务实施的环境与条件

1）拆装及检修前，车辆可靠驻停。
2）正确选用拆装与检修工具。
3）相关车型维修手册。
4）发动机技术状况良好。
5）仪器操作手册。
6）注意环保及安全操作。

二、任务实施的步骤

1. 转向桥的检修

（1）前轴的检修

1）前轴的磨损。

① 若钢板弹簧座平面磨损大于2mm，定位孔磨损大于1mm，可在堆焊后加工修复或直接更换新件。

② 主销承孔磨损的检修。主销承孔与主销的配合间隙：轿车不大于0.10mm，载货汽车不大于0.20mm。若磨损超过极限，可采用镶套法修复。

2）前轴变形的检修。

① 前轴变形的检验。常用的检验方法是采用图2-21所示的角尺检验法。通过测量a、b值可以判断前轴是否有弯曲和扭转变形。

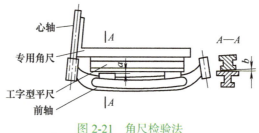

图2-21　角尺检验法

② 前轴校正方法。前轴变形校正必须在钢板弹簧座和定位孔、主销孔磨损修复后进行，以便减少检验、校正的积累误差，提高生产率。前轴校正一般采用冷压校正法。

（2）转向节的检修

1）隐伤的检验。转向节的油封轴颈处，因其断面的急剧变化，应力集中，是典型的危险断面，容易产生疲劳裂纹，以致造成万向节轴疲劳断裂而酿成重大的交通事故。因此，二级维护和修理时必须对转向节轴进行隐伤检验,一旦发现疲劳裂纹,只能更换,不许焊修。

2)磨损的检修。

① 转向节轴磨损的检修。轴颈与轴承的配合间隙:轴颈直径不大于40mm时,配合间隙为0.040mm;轴颈直径大于40mm时,配合间隙为0.055mm。转向节轴轴颈磨损超标后应更换新件。

② 转向节轴锁止螺纹的检修。螺纹损伤不多于2牙。锁止螺母只能用扳手拧入,若能用手拧入,说明螺纹中径磨损松旷,应予以修复或更换转向节。

③ 转向节上面的锥孔的检修。与转向节臂等杆件配合的锥孔的磨损,应使用塞规进行检验,其接触面积不得小于70%,与锥孔配合的锥颈的推力端面沉入锥孔的沉入量不得小于2mm。否则,应更换转向节。

2. 用四轮定位仪检测车轮定位

四轮定位仪可检测的项目包括主销后倾角、主销内倾角、车轮外倾角、前轮前束、后轮外倾角、后轮前束等。下面以计算机式四轮定位仪为例说明四轮定位仪的使用方法,如图2-22所示。

(1)检测前准备

1)把汽车开上举升平台,托住车轮,举升至大约0.5m(第1次举升)。

2)托住车身下部合适位置,利用二次举升设备举升车辆至车轮能自由转动(第2次举升)的位置。

3)拆下各车轮,检查轮胎磨损情况,要求各轮胎磨损基本一致。

4)检查轮胎气压,使其符合标准值。

5)先进行车轮动平衡检查,动平衡完成后,将车轮装回车上。

6)检查车身高度,检查车身4个角的高度和减振器技术状况,如车身不平应先调平,同时检查转向系统和悬架是否松旷,如松旷则应先紧固或更换零件。

(2)检测步骤

1)把传感器卡具安装在轮辋上,再把传感器安装到卡具上,并按使用说明书的规定调整,如图2-23所示。

图2-22 四轮定位仪

图2-23 卡具及传感器

2）打开计算机主机进入测试程序，输入被测汽车的车型和生产年份。

3）进行轮辋偏位补偿，转向盘位于直驶位置。使每个车轮旋转1周，即可把轮辋变形误差输入电脑。

4）降下第2次举升量，使车轮落到平台上，把汽车前部和后部向下压动4~5次，使各部位落到实处。用制动锁压下制动踏板，使汽车处于制动状态。

5）将转向盘左转至计算机显示"OK"，输入左转角度数；然后将转向盘右转至计算机显示"OK"，输入右转角度数。

6）将转向盘回正，计算机显示出后轮前束和后轮外倾角的数值。调正转向盘，并用转向盘锁锁止转向盘，使之不能转动。

7）将安装在4个车轮上的传感器的水平仪调到水平线上，此时计算机显示出前轮的主销后倾角、主销内倾角、车轮外倾角和前轮前束的数值。计算机将比较各测量数值，得出"无偏差""在允许范围内"或"超出允许范围"的结论。若为"超出允许范围"，按计算机提示的调整方法进行针对性调整。

8）再次检测，将转向轮左右转动，看屏幕上数值有无变化，若有变化应重新调整。

9）拆下传感器和卡具，降下举升机，并对车辆进行路试，检查四轮定位调整的效果。

三、技能训练及相关实践知识

汽车车桥检修技能训练

【训练任务】 客户所驾驶的乘用车随着车速的提高，车辆摆振逐渐增大，行驶不稳，甚至还会造成转向盘抖动。维修人员需对汽车车桥进行检修，并向客户解释故障产生的原因。

【训练建议】 以小组形式完成。制订故障诊断与排除的基本流程，并按要求逐项填写技能训练评价表。

【评价建议】 可用如下技能训练评价表对学生操作技能进行评价。

技能训练评价表

学生姓名					
测评日期			测评地点		
测评内容		汽车车桥检修			
考评标准	内容	分值/分	自评	互评	师评
	转向桥的检修	50			
	用四轮定位仪检测车轮定位	50			
	合计	100			
最终得分（自评30%+互评30%+师评40%）					

说明：测评满分为100分，60~74分为及格，75~84分为良好，85分以上为优秀。60分以下的学生，需重新进行知识学习、任务训练，直到任务完成达到合格为止

项目二　汽车行驶系统检修

>>>>> 归纳总结

车桥位于悬架与车轮总成之间，其两端装有车轮总成，通过悬架与车架（或车身）相连，其功用是传递车架（或车身）与车轮总成之间各种载荷的作用。

按悬架结构形式的不同，车桥分为整体式和断开式两种。整体式车桥的中部是刚性实心或空心梁，与非独立悬架配用；断开式车桥为活动关节式结构，与独立悬架配用。按车桥上车轮的作用不同，车桥分为转向桥、驱动桥、转向驱动桥和支持桥4种类型。其中转向桥和支持桥都属于从动桥。在后轮驱动的汽车中，前桥不仅用于承载，还兼起转向作用，称为转向桥；后桥不仅用于承载，还兼起驱动的作用，称为驱动桥。越野汽车和前轮驱动汽车的前桥，除了起承载和转向的作用外，还兼起驱动作用，所以称为转向驱动桥。只起支承作用的车桥称为支持桥。挂车的车桥就是支持桥。支持桥除不能转向外，其他功能和结构与转向桥相同。

为了保证汽车直线行驶的稳定性和操纵的轻便性，减少轮胎和其他机件的磨损，主销、转向节和前轴三者与车架的安装应保持一定的相对位置关系，这种安装位置关系称为转向轮定位，也称前轮定位。转向轮定位包括前轮外倾、主销后倾、主销内倾及前轮前束4个参数。后轮与后轴之间的相对安装位置关系，称为后轮定位。随着车速的不断提高，为了提高汽车高速行驶的稳定性，在结构设计上应确保汽车具有不足转向特性。为此，转向轮定位的内容已扩展到非转向轮（后轮）。汽车后轮具有一定程度的外倾角和前束。后轮定位内容主要包括后轮外倾角和后轮前束。

💡思考题

1. 简述车桥的作用及类型。
2. 简述转向驱动桥的结构特点和工作原理。
3. 简述转向轮定位的作用及原理。
4. 简述前轮定位的检查和调整方法。

任务三　汽车车轮总成检修

知识点：①车轮总成概念。②车轮的结构。③轮胎的结构。④车轮动平衡。
能力点：汽车车轮总成的检修。

任务情境

汽车车轮总成检修

客户反映，他所驾驶的乘用车右前轮磨损异常，师傅让维修工小李来对车辆进行检查，查找并排除故障。小李很快上手，并完成了这项任务。

任务分析

该任务是检修汽车车轮总成。完成此任务需要了解车轮总成的概念；掌握车轮的结构特点；掌握轮胎的结构特点；掌握车轮动平衡的作用；掌握车轮总成的检修方法。

相关专业知识

一、车轮总成概述

汽车车轮总成如图 2-24 所示，它是<u>由车轮和轮胎两大部分组成</u>，是汽车行驶系统中极其重要的部件之一，它处于车轴和地面之间，具有以下基本功用：

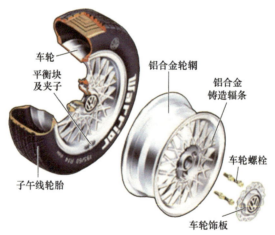

图 2-24 车轮总成

1）支承整车质量，包括在汽车质量上下运动时产生的惯性动载荷。
2）缓和来自路面的冲击载荷。
3）通过轮胎和路面之间的附着作用，产生驱动和阻止汽车运动的外力，即为汽车提供驱动力和制动力。
4）产生平衡汽车转向离心力的侧向力，以便顺利转向，并通过轮胎产生的自动回正力矩，使车轮具有保持直线行驶的能力。

5）承担跨越障碍的作用，保证汽车的通过性。

由于汽车高速行驶时车轮处于高速旋转的状态，车轮与轮胎的动平衡性能显得尤其重要，若车轮存在动不平衡，驾驶的操纵性能和行驶平顺性能将遭破坏，会使轮胎磨损加剧，轮毂轴承使用寿命下降。另外，车轮属于悬架弹簧以下的质量，该质量的大小与汽车的行驶平顺性和操纵稳定性有相当密切的关系，过大的簧下质量往往会引起上述性能的恶化。

针对车轮和轮胎的使用特点，要求它们具有：足够的强度和刚度；质量小；散热能力强；轮胎具有良好的弹性特性和摩擦特性；足够的使用寿命。

二、车轮的结构

车轮是介于轮胎和车桥之间承受载荷的旋转组件，其功用是安装轮胎，承受轮胎与车桥之间的各种载荷的作用。

车轮一般是由轮毂、轮辋和轮辐组成，如图 2-25 所示。轮毂通过圆锥滚子轴承装在车桥或转向节轴颈上，用于连接车轮与车桥。轮辋用于安装和固定轮胎。轮辐用于将轮毂和轮辋连接起来，并通过螺栓与轮毂连接。

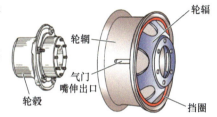

图 2-25 车轮的组成

1. 轮辐

按轮辐结构的不同，车轮可以分为两种形式：辐板式车轮和辐条式车轮。

（1）辐板式车轮　目前，普通轿车和轻、中型载货汽车普遍采用辐板式车轮（参见图 2-25），由挡圈、轮辋、辐板和气门嘴伸出口组成。车轮中用以连接轮毂和轮辋的钢质圆盘称为辐板，大多是冲压制成的，少数是和轮毂铸成一体的，后者主要用于重型汽车。

载货汽车后桥负荷比前桥大得多，为使后轮轮胎不致过载，后桥一般装用双式车轮，在同一轮毂上安装了两套辐板和轮辋，如图 2-26 所示。为了防止汽车在行驶中固定辐板的螺母自行松脱，汽车两侧车轮上的辐板固定螺栓一般采用旋向不同的螺纹，左侧用左旋螺纹，右侧用右旋螺纹。一些载货汽车上采用了球面弹簧垫圈，可以防止螺母的自行松脱，故汽车左右车轮上固定辐板的螺栓均可用右旋螺纹，从而减少了零件。

乘用车的辐板所用板料较薄，常冲压成起伏多变的形状，以提高其刚度。目前广泛采用的轿车车轮为铝合金车轮，如图 2-27 所示。且多为整体式的，即轮

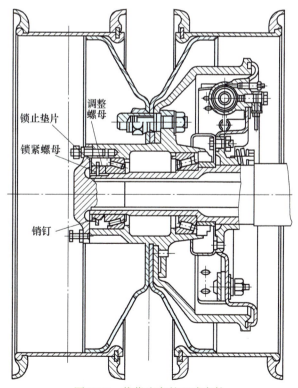

图 2-26 载货汽车的双式车轮

辋和轮辐铸成一体。它质量小，尺寸精度高，生产工艺好，美观大方，可以明显改善车轮的空气动力学特性，降低汽车油耗。

（2）辐条式车轮　按辐条结构的不同，辐条式车轮又分为钢丝辐条式车轮和铸造辐条式车轮，如图2-28所示。钢丝辐条式车轮的结构与自行车车轮完全一样，由于其价格昂贵、维修安装不便，故仅用于赛车和某些高级轿车上。另外，辐条式车轮还不能与无内胎轮胎组合使用，铸造辐条式车轮常用于重型载货汽车上。

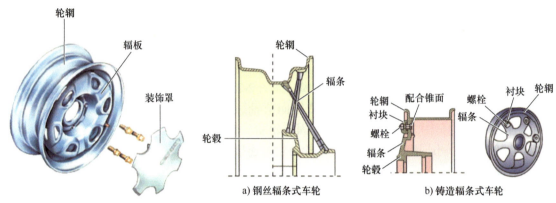

图2-27　乘用车的铝合金车轮

图2-28　辐条式车轮

2. 轮辋

轮辋用于安装和固定轮胎。按其结构不同，轮辋的常见结构形式有深槽轮辋、平底轮辋和对开式轮辋，如图2-29所示。此外，还有半深槽轮辋、深槽宽轮辋、平底宽轮辋、全斜底轮辋等。

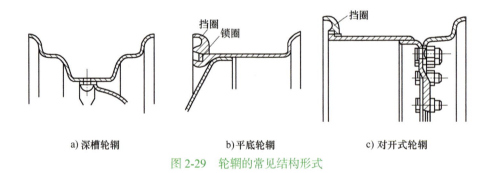

a）深槽轮辋　　　b）平底轮辋　　　c）对开式轮辋

图2-29　轮辋的常见结构形式

（1）深槽轮辋　如图2-29a所示，这种轮辋主要用于乘用车及轻型越野车，适宜安装尺寸小且弹性较大的轮胎。深槽轮辋有带肩的凸缘，用以安放外胎的胎圈，其肩部通常略向中间倾斜，倾斜部分的最大直径即称为轮胎胎圈与轮辋的着合直径。为便于外胎的拆装，断面的中部制成深凹槽。深槽轮辋的结构简单，刚度大，质量较小。

（2）平底轮辋　如图2-29b所示，这种轮辋多用于载货汽车。其挡圈是整体的，用一个开口锁圈来防止挡圈脱出。在安装轮胎时，先将轮胎套在轮辋上，而后套上挡圈，并将它向内推，直至越过轮辋上的环形槽，再将开口的弹性锁圈嵌入环形槽中。拆卸时，先放气，然后使外胎向里移动，撬下锁圈，取下挡圈，即可拆下轮胎。

（3）对开式轮辋　如图2-29c所示，这种轮辋又称可拆式轮辋，主要用于载重量较大的重型载货汽车和大型客车。这种轮辋由内、外两部分组成，其内、外轮辋的宽度可以相等，也可以不相等，两者用螺栓联成一体。拆装轮胎时只需拆卸螺栓上的螺母。图中所示挡圈是可拆的，有的无挡圈，而是由与内轮辋制成一体的轮缘代替挡圈，内轮辋与辐板焊接在一起。

由于轮辋是轮胎装配的固定基础，当轮胎装入不同轮辋时，其变形位置与大小也发生变化。因此，每种规格的轮胎，必须配用规定的标准轮辋。如果轮辋使用不当，特别是使用的轮辋过窄，会造成轮胎早期损坏。

近年来，为了适应提高轮胎负荷能力的需要，国内外轮胎均朝向宽轮辋的方向发展。实验表明，采用宽轮辋可以提高轮胎的使用寿命，改善汽车的通过性和行驶稳定性。

三、轮胎的功用、类型和结构

1. 轮胎的功用和类型

（1）轮胎的功用　现代汽车都采用充气式轮胎，轮胎安装在轮辋上，直接与路面接触，它的功用是：

1）支承汽车的质量，承受路面传来的各种载荷。

2）和汽车悬架共同缓和汽车行驶中所受到的冲击，并衰减由此而产生的振动，以保证汽车有良好的乘坐舒适性和行驶平顺性。

3）保证车轮和路面有良好的附着性，以提高汽车的动力性、制动性和通过性。

（2）轮胎的类型

1）按轮胎内空气压力的大小，轮胎分为高压胎（0.5~0.7MPa）、低压胎（0.2~0.5MPa）和超低压胎（0.2MPa以下）3种。低压胎弹性好，减振性能强，壁薄散热性好，与地面接触面积大附着性好，因而广泛用于轿车。超低压胎在松软路面上具有良好的通过能力，多用于越野汽车及部分高级轿车。

2）按轮胎有无内胎，轮胎分为有内胎轮胎和无内胎轮胎（俗称真空胎）2种。目前轿车上普遍采用无内胎轮胎。

3）按胎体帘布层结构的不同，轮胎分为斜交轮胎和子午线轮胎。目前，子午线胎在汽车上广泛应用。

4）根据花纹的不同，轮胎分为普通花纹轮胎、组合花纹轮胎、越野花纹轮胎。

5）根据帘线材料的不同，轮胎分为人造丝（R）轮胎、棉帘线（M）轮胎、尼龙（N）轮胎和钢丝（G）轮胎。

目前轿车上应用的轮胎主要是低压（超低压）、无内胎的子午线轮胎。

2. 充气轮胎的结构

充气轮胎按结构不同，可分为有内胎轮胎和无内胎轮胎两种。

有内胎轮胎由外胎、内胎和垫带等组成，使用时安装在汽车车轮的轮辋上，如图2-30所示。

（1）外胎　外胎是轮胎的主要组成部分，它是用耐磨橡胶以及帘线制成的强度较高而又有弹性的外壳，直接与地面接触来保护内胎，使其不受损伤。外胎主要由胎面、胎圈和胎体等组成，如图2-31所示。

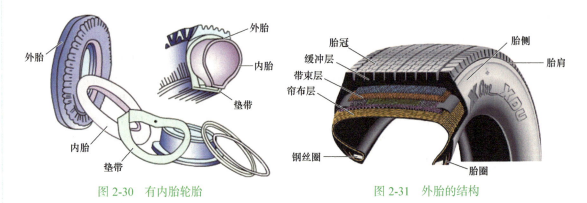

图 2-30　有内胎轮胎　　　　　图 2-31　外胎的结构

1）胎面。胎面是轮胎的外表面，可分为胎冠、胎肩和胎侧 3 部分。

胎冠又称为行驶面，它与路面直接接触，直接承受冲击与摩擦，并保护胎体免受机械损伤。为使轮胎与地面有良好的附着性，防止纵、横向滑移，在胎面上制有各种形状的花纹（图 2-32），以提高附着性，提供稳定的驾驶性能。

a）条形花纹　　b）横向花纹　　c）块状花纹　　d）不对称花纹　　e）复合花纹　　f）单导向花纹

图 2-32　胎面花纹

胎肩是较厚的胎冠和较薄的胎侧间的过渡部分，一般也制有各种花纹，以提高该部位的散热性能。

胎侧又称胎壁，它由数层橡胶构成，覆盖轮胎两侧，保护内胎免受外部损坏。胎侧可承受较大的挠曲变形，在行驶过程中，不断地在载荷作用下挠曲变形。胎侧上标有厂家名称、轮胎尺寸及其他信息。

2）胎圈。胎圈是帘布层的根基，由钢丝圈、帘布层包边和胎圈包布组成，具有很大的刚度和强度，可以使外胎牢固地安装在轮辋上。

3）胎体。胎体由帘布层和缓冲层组成。

① 帘布层。帘布层是外胎的骨架，主要用于承受载荷，保持外胎的形状和尺寸，并使其具有足够的强度。为使载荷均匀分布，帘布层通常由成偶数的多层帘布用橡胶贴合而成，相邻层的帘线交叉排列。帘布层数越多，轮胎的强度越大，但弹性下降。在外胎表面上标有帘布层数。

帘线材料可以是棉线、人造丝等，现在越来越多地采用聚酰纤维（卡普纶、披尔纶等）和金属丝做帘线，使帘布层数减少到 4 层，甚至 2 层。这样，既减少了橡胶消耗，提高了轮胎质量，又降低了滚动阻力，延长了轮胎的使用寿命。

按照帘布层帘线排列方式的不同，外胎可以分为斜交轮胎和子午线轮胎，如图2-33所示。

斜交轮胎帘布层的帘线按一定角度交叉排列，帘线与轮胎横断面的交角通常为50°。子午线轮胎帘布层帘线排列的方向与轮胎横断面一致，即垂直于轮胎胎面中心线，类似于地球仪上的子午线。子午线轮胎胎侧比斜交轮胎软，在径向上容易变形，可以增加轮胎的接地面积，即使在充足气后，两侧壁上也有一个特殊的凸起部。

子午线轮胎与斜交轮胎相比较具有行驶里程长、滚动阻力小、节约燃料、承载能力大、减振性能好、附着性好、不易爆胎等优势，目前在汽车上应用广泛。

② 缓冲层。缓冲层夹在胎面和帘布层之间，质软而弹性大，一般由两层或数层较稀疏的帘布和橡胶制成，其相邻两层的帘线也是交叉排列的。缓冲层的作用是加强胎面与帘布层之间的结合，防止汽车紧急制动时胎面与帘布层脱离，并缓和汽车行驶时所受到的路面冲击。

（2）内胎　内胎是一个环形的橡胶管，上面装有气门嘴，以便充入或排出空气，为使内胎在充气状态下不产生褶皱，其尺寸应稍小于外胎的内壁尺寸。内胎强度很低，单独使用几乎不能承载。

（3）垫带　垫带是一个环形的橡胶带，它垫在内胎与轮辋之间，用来保护内胎不被轮辋和胎圈磨坏，还可防止尘土及水汽侵入胎内。

3. 无内胎轮胎

无内胎轮胎俗称真空胎，在外观上与普通轮胎相似，但是没有内胎及垫带。它的气门嘴用橡胶垫圈和螺母直接固定在轮辋上，空气直接充入外胎中，其密封性由外胎和轮辋来保证，如图2-34所示。

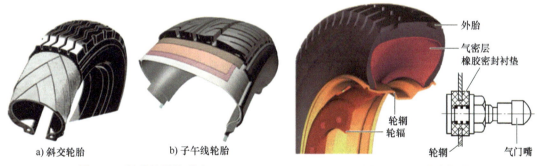

图2-33　轮胎的结构形式　　　　　　　图2-34　无内胎轮胎

无内胎轮胎一旦被刺破，穿孔不会扩大，故漏气缓慢，胎压不会急剧下降，仍能继续行驶一定距离，可消除爆胎的危险。无内胎轮胎因无内胎，摩擦生热少、散热快，适用于高速行驶；此外，结构简单，质量较轻，维修也方便。但密封层和自粘层易漏气，途中修理也较困难。无内胎轮胎必须配用深槽轮辋，目前在乘用车上应用较多。

4. 轮胎规格的表示方法

轮胎的尺寸标注如图2-35所示。

（1）斜交轮胎的规格　普通斜交轮胎的规格用 B-d 表示，载货汽车斜交轮胎和乘用车斜交轮胎的尺寸 B 和 d 均使用英寸（in，1in=0.0254m）为单位，B 代表轮胎名义断面宽度，d 代表轮辋名义直径。示例如下：

（2）子午线轮胎的规格　子午线轮胎规格印在胎侧处，如图 2-36 所示。185/70 R 13 86T 的含义如下：

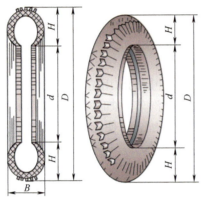

图 2-35　轮胎的尺寸标注
D—轮胎外径　d—轮辋名义直径
B—轮胎名义断面宽度　H—轮胎名义断面高度

图 2-36　子午线轮胎规格

  1）185——轮胎名义断面宽度代号，表示轮胎断面宽度为 185mm。

  2）70——轮胎名义扁平比代号，表示扁平比为 70%。扁平比为轮胎名义断面高度 H 与轮胎名义断面宽度 B 之比，有 60、65、70、75、80 共 5 个级别。

  3）R——子午线轮胎结构代号，即"RADIAL"的第一个字母。

  4）13——轮胎名义直径代号，表示轮胎内径 13 英寸（in）。

  5）86——荷重等级，即最大载荷质量。荷重等级为 86 的轮胎的最大载荷质量为 530kg。

  6）T——速度等级代号，表明轮胎能行驶的最高车速。T 表示最高车速为 190km/h。

5. 轮胎侧面标记

  轮胎侧面标记如图 2-37 所示。胎侧上标有生产厂家名称、品牌、轮胎尺寸及其他信息。

  图中各部分说明如下：

  1——BRIDGESTONE：表示轮胎的制造商。

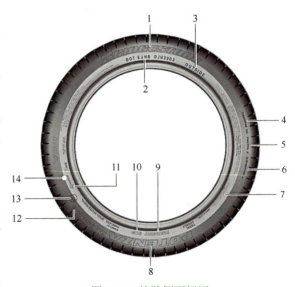

图 2-37　轮胎侧面标记

  2——DOT EJH8DJH3903：DOT 是美国交通部的英文缩写，表示该轮胎符合美国交通部规定的安全标准，"DOT"后面紧挨着的 11 位数字及字母则表示此轮胎的识别号码或序列号。其中EJH8DJH是制造商专用编号，3903表示生产日期。

3——OUTSIDE：表示轮胎外侧标记。

4——TREADWARE 140：表示轮胎的磨耗指数为标准胎的140%。

5——TRACTION A：表示潮湿状态下制动性能评估等级，A为最佳，B为中等，B为一般。

6——TEMPERATURE A：表示较高速度时的耐高温等级。A为最佳，B为中等，C为一般。

7——Tread（2Rayon 2Steel 1Nylon），Sidewall（2Plies Rayon）：表示轮胎结构类型。

8——POTENZA050：表示轮胎花纹名称。

9——225/45R17：R17：表轮胎断面宽度为225mm。高宽比为45%，子午线轮胎，轮辋名义直径17in。

10——91W：91表示载重（负荷）指数，是指轮胎的最高载质量，不同的载重指数代表不同的最高载质量，W表示轮胎速度代号，是指轮胎的最高速度级别。单位是km/h。

11——E40220261：ECE批准编号。

12——星号：表示经过厂家许可的专用轮胎（不同厂家的标记不同）。

13——RSC：表示漏气保用轮胎。

14——白点：匹配点颜色标记。

四、车轮动平衡

汽车车轮是旋转构件，如果车轮不平衡，在高速行驶时会引起车轮上下跳动和横向摇摆，不仅影响汽车乘坐舒适性，而且使驾驶人难以控制行驶方向，汽车制动性能下降，影响行车安全。车轮不平衡还会大大增加各部件所受的力，加大轮胎的磨损和行驶噪声等。因此，汽车在使用和维修中必须进行车轮平衡试验和校准。

车轮不平衡的原因如下：

1）轮毂、制动鼓（盘）加工时轴心定位不准，加工误差大，非加工面铸造误差大，热处理变形，使用中变形或磨损不均。

2）轮胎螺栓质量不等、轮辋质量分布不均或径向圆跳动、轴向圆跳动太大。

3）轮胎质量分布不均，尺寸或形状误差太大，使用中变形或磨损不均，使用翻新胎或垫、补胎。

4）并装双胎的充气嘴未相隔180°安装，单胎的充气嘴未与不平衡点标记错开180°安装。

5）轮毂、制动鼓（盘）、轮胎螺栓、轮辋、内胎、衬带、轮胎等拆卸后重新组装成车轮时，累计的不平衡质量或形位偏差太大，破坏了原来的平衡。

任务实施

一、任务实施的环境与条件

1）拆装及检修前，车辆可靠驻停。

2）正确选用拆装与检修工具。

3）相关车型维修手册。

4）发动机技术状况良好。

5）仪器操作手册。

6）注意环保及安全操作。

二、任务实施的步骤

1. 车轮总成的拆装

（1）车轮总成的拆卸

1）停稳车辆，用三角木掩住各车轮。

2）取下车轮上的装饰罩，弄清汽车左、右侧车轮与轮毂连接螺栓的螺旋方向，使用车轮螺母拆装机或用套筒扳手初步拧松各连接螺母，如图2-38所示。

3）用千斤顶顶在指定位置，使被拆车轮稍离地面。也可将车辆停在举升架上，升起车辆，使车轮稍离开地面。

4）拧下车轮与轮毂连接的全部螺母，取下垫圈，并摆放整齐。

5）边向外拉边左右晃动车轮，从车轴上取下车轮总成。

（2）车轮总成的安装

1）顶起车桥，套上车轮，将螺母初步拧在螺栓上。

2）放下车轮并在车轮前、后用三角木掩住，用扭力扳手或车轮螺母拆装机，按对角线顺序分2~3次拧紧车轮螺母，最后一次要按规定力矩拧紧，如图2-39所示。

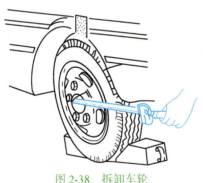

图2-38　拆卸车轮

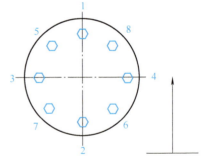

图2-39　车轮螺母紧固顺序

3）安装后轮双胎时，要先拧紧内侧车轮的内螺母，再装外侧轮胎。在安装过程中，应用千斤顶分2次顶起车桥，分别安装内、外2个车轮。双轮胎高低搭配要合适，一般较低的胎装于里侧，较高的胎装于外侧。应注意内侧轮胎和外侧轮胎的气门嘴应互成180°位置。

2. 轮胎的拆装

目前轿车几乎都是采用无内胎的子午线轮胎，最常见的拆装轮胎的专用设备是轮胎拆装机，如图2-40所示。

(1) 轮胎脱开

1) 将轮胎内空气放尽，去掉车轮上的平衡块，以免发生危险。

2) 把车轮竖起放在地上，靠近支撑胶板，压好后，踩下踏板，慢慢转动车轮，重复上述动作，直到把胎唇全部撬开。

(2) 轮胎分解

1) 扳动锁紧杆，松开垂直立杆。

2) 将轮胎锁紧在转盘上，锁紧方式有2种：

① 外夹：将轮胎放于旋转工作台上，踩踏卡爪开启踏板，使卡爪将轮胎锁紧。

② 里夹：先将卡爪向外张开，将轮胎放置在转盘上，踩踏卡爪闭合踏板，卡爪锁紧轮辋外缘。对胎口较紧的轮胎推荐里夹。

3) 按下垂直立杆，使拆装头靠近轮胎边缘，并用锁紧杆锁紧垂直立杆。调整悬臂定位螺栓，使机头滚轮与钢圈外缘隔离间隙为5~7mm，上下提升3mm左右。

4) 用撬杠将胎缘撬在拆装头上，点踩转盘转动踏板，让转盘沿顺时针方向旋转，直到胎缘脱落为止。

图 2-40　轮胎拆装机

注意：如拆胎受阻，应立即停止，点踩转盘转动踏板，让转盘沿逆时针方向转动，消除障碍。

(3) 轮胎装配

1) 用除锈机或钢丝刷除去轮辋、挡圈和锁圈上的锈迹。

2) 将轮辋锁定在转盘上。

3) 先给胎唇涂上润滑膏或肥皂水，然后把轮胎套在钢套上并把拆装头固定到工作位置。

4) 将胎缘置于拆装头尾部上面，机头下部，同时压低胎肚。

5) 沿顺时针方向旋转转盘让胎缘落入钢圈槽内。

6) 重复以上步骤，装上另一胎缘。

7) 调整轮胎位置，使轮胎平衡点位置与气门嘴互成180°安装。

8) 松开钳住钢圈的卡爪，给轮胎充气。

(4) 轮胎充气

1) 轮胎充气应按照该型汽车使用说明书上规定的标准气压执行，并在冷态时用气压表测量，若在热态时测量，应略高于标准气压，需取适当的修正值。气压表应定期校准，以保证读数准确。

2) 轮胎装好后，先充入少量空气，待内胎充气伸展后再继续充至要求气压。

3) 充气前应检查气门芯与气门嘴是否配合平整，并擦净灰尘。充气后应检查是否漏气，并将气门帽装紧。

4）充入的空气不得含有水分和油雾。

5）充气时应注意安全防护，充气开始时用锤子轻击锁圈，使其平稳嵌入轮辋圈槽内，以防锁圈跳出。

3. 轮胎换位

1）按时换位可使轮胎磨损均匀，延长其约20%的使用寿命，应结合车辆二级维护定期换位。在路面拱度较大的地区或夏季，轮胎磨损差别较大，可适当增加换位次数。

2）常用的轮胎换位方法有交叉换位法和单边换位法，如图2-41所示。

装用斜交轮胎的汽车也可采用交叉换位法（参见图2-41a）。子午线轮胎宜用单边换位法（参见图2-41b）。

子午线轮胎的旋转方向应始终不变。若反向旋转，会因钢丝帘线反向变形产生振动，使汽车平顺性变差。所以一些轿车使用手册推荐单边换位法。

3）轮胎换位后，应按所换的胎位要求，重新调整气压。

4）轮胎换位后须做好记录，下次换位仍要按上次选定的换位方法换位。

4. 车轮动平衡的检查与调整

由于车轮动不平衡对汽车危害很大，因此，必须对车轮的动不平衡进行试验，并进行调平衡工作。由于动平衡的车轮一定处于静平衡状态，因此，只要检测了动平衡，就没有必要检测静平衡。

车轮的动平衡试验有离车式和就车式2种方法。常见的为离车式车轮动平衡试验。

（1）离车式车轮动平衡机的基本组成　利用离车式车轮动平衡机对车轮进行动平衡检测时，需将车轮从车上拆下。图2-42所示为常见的离车式车轮动平衡机。动平衡机主要由驱动装置、转轴与支承装置、显示与控制装置、制动装置及防护罩组成。为了使显示的不平衡量恰是轮辋边缘所加平衡块的质量，必须将测得的轮辋直径 d、轮辋宽度 b 和轮辋边缘至机箱的距离 a（轮辋外悬尺寸），通过键盘或选择器旋钮输入计算机。

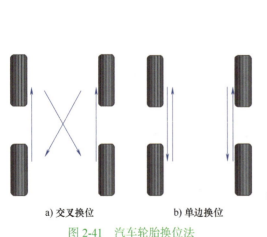

图2-41　汽车轮胎换位法　　　　图2-42　离车式车轮动平衡机
a）交叉换位　　b）单边换位

（2）离车式车轮动平衡机的使用方法

1）清除被测车轮上的泥土、石子和旧平衡块。

2）检查轮胎气压，保证充至汽车制造厂的规定值。

3）根据轮辋中心孔的大小选择锥体，仔细地装上车轮，用大螺距螺母紧固。

4）打开电源开关，检查显示与控制装置的面板是否指示正确。

5）用卡尺测量轮辋宽度 b、轮辋直径 d（也可由胎侧读出），用平衡机上的标尺测量轮辋边缘至机箱的距离 a，再用键入或选择器旋钮对准测量值的方法，将 a、b、d 值输入显示与控制装置。离车式车轮动平衡机的专用卡尺如图2-43所示，a、b、d 3尺寸如图2-44所示。为了适应不同的计量制式，平衡机上的所有标尺一般都同时标有英制和米制刻度。

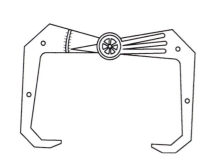

图2-43　离车式车轮动平衡机专用卡尺

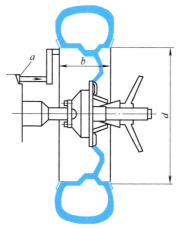

图2-44　车轮在平衡机上的安装

a—轮辋边缘至机箱的距离
b—轮辋宽度　d—轮辋直径

6）放下车轮防护罩，按下启动键，车轮旋转，平衡测试开始，计算机自动采集数据。

7）车轮自动停转或听到"嘀"声按下停止键并操纵制动装置使车轮停转后，通过指示装置读取车轮内、外两侧的不平衡量和不平衡位置。

8）抬起车轮防护罩，用手慢慢转动车轮。当指示装置发出指示（音响、指示灯亮、制动、显示点阵或显示检测数据等）时停止转动。在轮辋的内侧或外侧的上部（时钟12点位置）加装新的平衡块，新的平衡块的质量应为指示装置显示的该侧平衡块质量。内、外侧要分别进行，平衡块装卡要牢固。

9）安装平衡块后有可能产生新的不平衡，应重新进行动平衡试验，直至不平衡量小于5g，指示装置显示"00"或"OK"时才能满意。当不平衡量相差10g左右时，按图2-45所示的方法沿轮辋边缘左右移动平衡块一定角度，将可获得满意的效果。平衡过程中，实践经验越丰富，平衡速度越快。

10）测试结束，关闭电源开关。

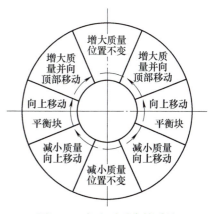

图2-45　复查时平衡块质量和位置的调整方法

车轮动平衡机的平衡重也称为配重，通常有卡夹式和粘贴式两种类型。图2-46所示为卡夹式配重，适用于轮辋有卷边的车轮。对于铝镁合金轮辋，因无卷边可夹，可使用图2-47

所示的粘贴式配重。粘贴式配重的外弯面有不干胶,可粘贴在轮辋内表面。标准的平衡重有两种系列。一种系列以盎司(oz)(1oz=28.3495g)为基础单位,分为9档。其中,最小的为0.5oz(14.2g),最大的为6oz(170.4g)。另一种以克(g)为基础单位,分14档。其中最小的为5g,最大的为80g,配重的最小间隔为5g。因此,过分苛求车轮动平衡机的精度和灵敏度并无太大的实际意义。特殊情况下,如高速小轿车和赛车,可使用特制的平衡重块。

图 2-46 卡夹式配重

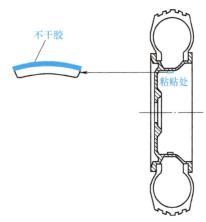

图 2-47 粘贴式配重

三、技能训练及相关实践知识

汽车车轮总成检修技能训练

【训练任务】客户所驾驶的乘用车右前轮磨损异常。维修人员需对车轮总成进行检修,并向客户解释故障产生的原因。

【训练建议】以小组形式完成。制订故障诊断与排除的基本流程,并按要求逐项填写技能训练评价表。

【评价建议】可用如下技能训练评价表对学生操作技能进行评价。

技能训练评价表

学生姓名					
测评日期		测评地点			
测评内容	汽车车轮总成检修				
考评标准	内容	分值/分	自评	互评	师评
	车轮完成的拆装	20			
	轮胎的拆装	30			
	轮胎换位	20			
	车轮动平衡的检查与调整	30			
	合计	100			
最终得分(自评30% + 互评30% + 师评40%)					

说明:测评满分为100分,60~74分为及格,75~84分为良好,85分以上为优秀。60分以下的学生,需重新进行知识学习、任务训练,直到任务完成达到合格为止

项目二 汽车行驶系统检修

>>>>>> 归纳总结

汽车车轮总成由车轮和轮胎两大部分组成,是汽车行驶系统中极其重要的部件之一,它处于车轴和地面之间,其功用是:①支承整车质量,包括在汽车质量上下运动时产生的惯性动载荷;②缓和由路面传递来的冲击载荷;③通过轮胎和路面之间的附着作用,产生驱动和阻止汽车运动的外力,即为汽车提供驱动力和制动力;④产生平衡汽车转向离心力的侧向力,以便顺利转向,并通过轮胎产生的自动回正力矩,使车轮具有保持直线行驶的能力;⑤承担跨越障碍的作用,保证汽车的通过性。车轮是介于轮胎和车桥之间承受负荷的旋转组件,其功用是安装轮胎,承受轮胎与车桥之间的各种载荷。车轮一般是由轮毂、轮辋和轮辐组成。目前轿车上应用的轮胎主要是低压(超低压)、无内胎的子午线轮胎。汽车在使用和维修中必须进行车轮动平衡的试验和校准。

思考题

1. 简述车轮总成的组成及功用。
2. 简述车轮的功用及其构造。
3. 简述充气轮胎的结构组成。
4. 举例说明轮胎规格的表示方法。
5. 简述车轮拆装的方法。
6. 说明车轮动不平衡的危害及原因。

拓展提高

一、降噪轮胎

轮胎噪声是由行驶中的汽车轮胎与路面的相互作用、汽车轮胎与空气的相互作用以及轮胎的变形而产生的噪声,它是汽车噪声的主要来源之一。降噪轮胎针对汽车轮胎噪声产生的机理,对轮胎进行内、外部的设计与改变,以达到降低汽车轮胎噪声的效果。如今很多轮胎厂家推出的新型轮胎都带有降噪功能。

汽车降噪轮胎的一些降噪方式如下:

1)通过调整花纹的形状,使临近花纹的大小均不相同,从而分散噪声、避免声能叠加,最终达到降噪的目的。

2)减小沟槽的体积,沟槽体积变小、空气体积降低,压缩、膨胀的空气变少,噪声自然降低。其次,变更花纹的角度,使其花纹的走向不再垂直于车辆前进的方向,空气更加容易被排出。

3)通过设计不同的花纹槽来分散噪声,避免所有沟槽内气柱的谐振频率一致;另一方面,在纵向沟槽内增加凸起,用以打散气流,减少共鸣音。

4)配备内胎减振器,即聚氨酯泡沫隔层。该隔层通过黏合剂黏入胎面内侧,无论温度如何变化,隔层的结构都会保持原状。

二、SPMT 平板车

SPMT 平板车如图 2-48 所示，它是国之重器，是当之无愧的基础建设的辅助神器。

SPMT 平板车拥有 1152 个车轮总成，每个车轮总成载重量在 30t 以上，整车的载重量为 5 万 t，拉起一个航母不在话下，更不用说航天飞机了。SPMT 平板车参与了 2009 年投资 100 亿的港珠澳大桥修建。正是由于有了超级 SPMT 平板车，中国的多项世界大工程才能完成。

SPMT 平板车之所以能够具备如此强大的运输能力，要归功于科研人员为其配备的大量车轮总成和各种先进系统。例如为了控制前进的方向，每个车轮总成都配备了一套独立的控制系统，能够进行细微的方向调节，进而保证整体处在正确的前进方向上。为了避免车辆受到地面起伏和障碍物的影响，它配备了先进的减振系

图 2-48　SPMT 平板车

统和承载系统，并且在车上安装有大量的传感器，使得车载计算机能够实时检测到车辆的运行状态，并根据这些数据给各个车轮总成和控制系统下达指令进行微调。有了这些先进的系统，再加上处于不同位置的 8 台大功率发动机，SPMT 平板车才能具备 5 万 t 的运输能力。

任务四　汽车悬架检修

知识点：①悬架的组成、功用及分类。②弹性元件的结构。③减振器的结构和工作原理。④非独立悬架的结构。⑤独立悬架的结构。

能力点：汽车悬架的检修。

任务情境

汽车悬架检修

客户反映，他所驾驶的乘用车最近感觉颠簸比较厉害，舒适性比以前下降很多，师傅让维修工小李来对车辆进行检查，查找并排除故障。小李很快上手，并完成了这项任务。

任务分析

该任务是检修汽车悬架。完成此任务需要了解悬架的组成、功用和分类；掌握弹性元件的结构特点；掌握减振器的结构和工作原理；掌握非独立悬架的结构特点；掌握独立悬架结构特点；掌握汽车悬架的检修方法。

相关专业知识

一、悬架概述

1. 悬架的组成

悬架是车架（或车身）与车桥（或车轮）之间一切传力连接装置的总称。现代汽车的悬架虽有不同的结构形式，但一般都由弹性元件、减振器、导向机构等组成，轿车一般还有横向稳定器。悬架的组成如图2-49所示。

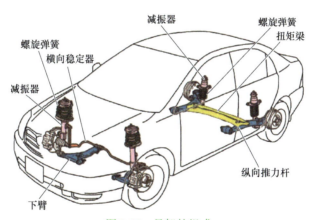

图2-49 悬架的组成

弹性元件使车架（或车身）与车桥（或车轮）之间做弹性连接，可以缓和由于不平路面带来的冲击，并承受和传递垂直载荷。

减振器可以衰减由于路面冲击产生的振动，使振动的振幅迅速减小。

导向机构包括纵向推力杆和横向推力杆，用于传递纵向载荷和横向载荷，并保证车轮相对于车架（或车身）的运动关系。

横向稳定器可以防止车身在转向等情况下发生过大的横向倾斜。

2. 悬架的功用

悬架具有以下的功用：
1）连接车架（或车身）和车轮，把路面作用到车轮的各种力传给车架（或车身）。
2）缓和冲击、衰减振动，提高乘坐舒适性，使汽车在行驶过程中具有良好的平顺性。

119

3）保证汽车具有良好的操纵稳定性。

第2）、3）项功用与弹性元件和减振器的性能有关，即与弹性元件的刚度和减振器的阻尼力有关。只有悬架系统的软、硬合适才能使车辆乘坐舒适、操纵稳定。

3. 悬架的分类

汽车悬架可分为两大类：非独立悬架和独立悬架，如图2-50所示。

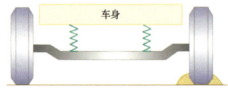

a）非独立悬架

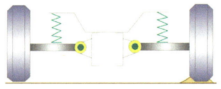

b）独立悬架

图2-50 非独立悬架与独立悬架的示意图

非独立悬架的特点是左右车轮安装在一根整体式车桥两端，车桥通过悬架与车架相连。当一侧车轮发生位置变化后会导致另一侧车轮的位置也发生变化。

独立悬架的结构特点是车桥做成断开的，每一侧车轮单独通过悬架与车架（或车身）连接。与非独立悬架相比较，独立悬架具有以下优点：

1）两侧车轮可以单独运动而互不影响，这样当汽车在不平道路上行驶时既可减少车架和车身的振动，又有助于消除转向轮不断偏摆的不良现象。

2）减少汽车的非簧载质量（即不由弹簧支承的质量）。在采用非独立悬架时，整个车桥和车轮都属于非簧载质量部分。而在采用独立悬架时，对驱动桥而言，由于主减速器、差速器及其外壳固定在车架上，所以形成的是簧载质量；对转向桥而言，因为它仅具有转向主销和转向节，没有中部的整体梁，所以非簧载质量只包括车轮质量和悬架系统中的部分零件的全部或部分质量，这比采用非独立悬架时的非簧载质量要小得多。在道路条件和车速相同时，非簧载质量越小，悬架受到的冲击载荷也就越小，因而采用独立悬架可以提高汽车的平均行驶速度。

3）由于采用断开式车桥，发动机总成的位置可以降低和前移，使汽车重心下降，因而可提高汽车的行驶稳定性；同时由于给予了车轮较大的上下运动的空间，故可以将悬架刚度设计得较小，以降低车身振动频率，改善行驶平顺性。

4）越野汽车全部车轮采用独立悬架还可保证汽车在不平道路上行驶时，所有车轮和路面有良好的接触，从而可增大牵引力；此外，采用独立悬架可增大汽车的离地间隙，使汽车的通过性能大大提高。

由于具有以上优点，独立悬架被现代汽车广泛采用。但是，独立悬架结构复杂，制造成本高，维修不便，在一般情况下，车轮跳动时，由于车轮外倾角与轮距变化较大，轮胎磨损较严重。

二、弹性元件的结构

汽车上常用的弹性元件包括钢板弹簧、螺旋弹簧、扭杆弹簧和气体弹簧等。

1. 钢板弹簧

钢板弹簧也称叶片弹簧，其结构如图 2-51 所示，在车桥靠近车架或车身时靠钢板弹簧的弹性形变来起缓冲作用，并在车桥靠近和离开车架或车身的整个过程中，通过各片弹簧钢板间的相互滑动摩擦，部分衰减路面的冲击作用。

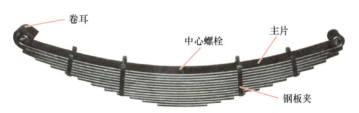

图 2-51　钢板弹簧的结构

一副钢板弹簧通常由很多曲率半径不同、长度不等、宽度一样、厚度相等的弹簧钢板片叠加而成，在整体上近似等强度的弹性梁。第一片最长的弹簧钢板称为主片，其两端或一端弯成卷耳状，内装衬套以便用钢板销与车架连接。

钢板弹簧作为悬架弹性元件不仅起弹性元件的作用，因其自身可以在车桥和车架或车身之间传递纵向和横向力矩，故又可兼起导向装置的作用，因而在采用钢板弹簧时可不必单设导向装置，使结构简化，但不足之处是占用空间较大。目前，主要是一些载货汽车和一些高级轿车的后悬架采用钢板弹簧作为弹性元件。

目前，在国内外越来越多的汽车上开始采用少片变截面钢板弹簧。这种少片变截面钢板弹簧是由单片或 2~3 片变厚度、断面的弹簧片构成的，如图 2-52 所示。其弹簧片的断面尺寸沿长度方向是变化的，片宽保持不变。这种少片变截面钢板弹簧克服了钢板弹簧质量大、性能差的缺点。因此，这种弹簧对车辆的轻量化、节约能源和节约合金弹簧钢材大为有利，故应用日渐广泛。

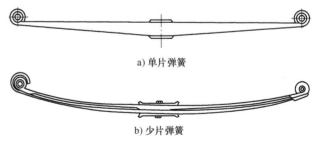

图 2-52　单片和少片变截面钢板弹簧

2. 螺旋弹簧

螺旋弹簧广泛应用于独立悬架，有些轿车的后轮非独立悬架也采用螺旋弹簧作为弹性元件。螺旋弹簧如图 2-53 所示，它由特殊的弹簧钢棒卷制而成，可以制成圆柱形或圆锥形，也可以制成等螺距或不等螺距。圆柱形等螺距螺旋弹簧的刚度是不变的，圆锥形或不等螺距螺旋弹簧的刚度是可变的。

螺旋弹簧与钢板弹簧相比，无须润滑，防污能力强，质量小，单位质量的能量吸收率较高。但是，螺旋弹簧自身减振作用很差，因此在使用螺旋弹簧的悬架中，必须另装减振器；螺旋弹簧只能承受垂直载荷，故必须加装导向装置，以传递垂直力以外的各种力和力矩。

3. 扭杆弹簧

扭杆弹簧是一根由铬钒弹簧钢制成的扭杆，如图 2-54 所示。扭杆断面通常为圆形，少数为矩形和管形，其两端可以做成花键、方形、六角形或带平面的圆柱形等形状，以便一端固定在车架上，另一端固定在悬架的摆臂上，而摆臂则与车轮相连。当车轮跳动时，摆臂便绕着扭杆轴线摆动，使扭杆产生扭转导致弹性变形，以保证车轮与车架的弹性联系。有的扭杆由一些矩形断面的薄条（扭片）组合而成，这样，弹簧更为柔软。

螺旋弹簧

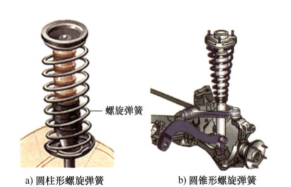

图 2-53　螺旋弹簧　　　　　　　　图 2-54　扭杆弹簧示意图
a) 圆柱形螺旋弹簧　b) 圆锥形螺旋弹簧

扭杆弹簧表面经加工后很光滑，故在使用中必须对其实施有效的保护。通常是在扭杆弹簧表面涂装和包覆数层保护材料，以防碰撞、刮伤和腐蚀，从而提高扭杆弹簧的使用寿命。

扭杆弹簧在制造时，经热处理后预先施加一定的扭转力矩，使之产生一个永久的扭转变形，从而使其具有一定的预应力。左、右扭杆预加扭转的方向都与扭杆安装在车上后承受工作载荷时扭转的方向相同，目的是减少工作时的实际应力，以延长使用寿命。如果左、右扭杆换位安装，则将导致扭杆弹簧的实际工作应力加大，使用寿命缩短。因此，左、右扭杆弹簧刻有不同的标记，不可互换。

扭杆弹簧的特点为结构简单，便于布置，维修方便。扭杆弹簧与其他弹簧相比，其单位质量的能量吸收率较高，可减小悬架的质量。但与螺旋弹簧一样，它只具有很小的减振作用，所以需要与减振器一起使用。

4. 气体弹簧

气体弹簧主要有空气弹簧和油气弹簧两种。

空气弹簧以空气作为弹性介质，即在一个密闭的容器内装入压缩空气（气压为 0.5~1MPa），利用气体的可压缩性实现弹簧的作用。

如图 2-55 所示，空气弹簧又有囊式和膜式两种形式。空气弹簧在轿车上有应用，尤其是在轿车的主动悬架中使用较多。

油气弹簧以气体氮（惰性气体）作为弹性介质，用油液作为传力介质。图 2-56 所示为单气室式油气弹簧。油气弹簧具有变刚度的特性。

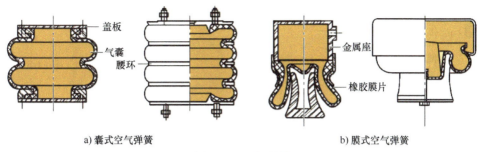

图 2-55　空气弹簧

5. 橡胶弹簧

橡胶弹簧（图 2-57）是利用橡胶本身的弹性来起作用的弹性元件，它可以承受压缩载荷和扭转载荷。当橡胶弹簧在外力作用下变形时，便产生内部摩擦，以吸收振动。橡胶弹簧的优点是可以制成任何形状，使用时无噪声，不需要润滑。但橡胶弹簧不适用支承重载荷。所以，橡胶弹簧主要用作辅助弹簧，或用作悬架部件的衬套、垫片、垫块、挡块及其他支承件。

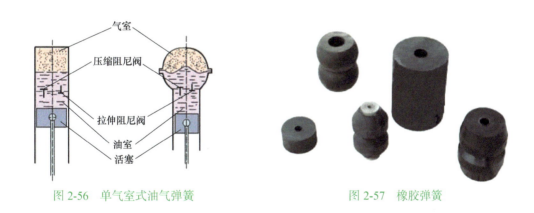

图 2-56　单气室式油气弹簧　　　　图 2-57　橡胶弹簧

三、减振器的结构和工作原理

减振器在汽车中的作用是迅速衰减由车轮通过悬架弹簧传给车身的冲击和振动，提高汽车行驶的平顺性。减振器在汽车悬架中是与弹性元件并联安装的，如图 2-58 所示。

目前，汽车悬架系统中广泛采用液力减振器，其基本原理如图 2-59 所示。

液力减振器按其结构形式可分为筒式液力减振器和摇臂式液力减振器；按作用方式可分为双向作用式减振器和单向作用式减振器。双向作用式减振器在伸张行程和压缩行程内都具有阻尼减振作用；单向作用式减振器只在伸张行程内起阻尼减振作用。目前汽车上应用最广泛的是双向作用筒式减振器，近年来，在一些高级轿车上采用充气式减振器。

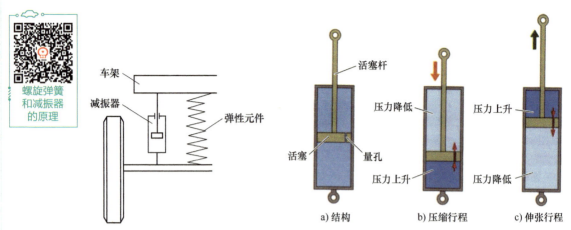

图 2-58 减振器和弹性元件的安装示意图　　图 2-59 液力减振器的基本原理

1. 双向作用筒式减振器

双向作用筒式减振器如图 2-60 所示。

双向作用筒式减振器的工作原理可用压缩和伸张 2 个行程加以说明。

（1）压缩行程　当车桥移近车架（或车身）时，减振器受压缩，活塞下移，使其下方腔室容积减小，油压升高。具有一定压力的油液顶开流通阀进入活塞上方腔室。由于活塞杆占去上腔室的部分容积，使上腔室增加的容积小于下腔室减小的容积，因此还有一部分油液不能进入上腔室而只能压开压缩阀，流回储油缸筒。油液流经上述阀孔时，受到一定的节流阻力，为克服这种阻力而消耗了振动能量，使振动衰减。

（2）伸张行程　当车桥相对远离车架（或车身）时，减振器受拉伸，活塞上移，使其上腔室油压升高。上腔室的油液便推开伸张阀流入下腔室。同样由于活塞杆的存在，上腔室减小的容积小于下腔室增加的容积，因而从上腔室流出来的油液不足以充满下腔室所增加的容积，使下腔室产生一定的真空度，这时储油缸筒中的油液在真空度作用下推开补偿阀流进下腔室进行补充。

从上面的原理可以得知，这种减振器在压缩、伸张 2 个行程内都能起减振作用，因此称为双向作用式减振器。

2. 充气式减振器

充气式减振器如图 2-61 所示，其结构特点是在工作缸的下部装有一个浮动活塞，高压的氮气充在浮动活塞与缸筒一端形成的密闭气室里。浮动活塞的上面是减振器油液。O 形密封圈把油和气完全分开，因此浮动活塞也称为封气活塞。在工作活塞上装有压缩阀和伸张阀。这两个阀都是由一组厚度相同、直径不等并按直径不同由大到小而排列的弹簧钢片组成。

当车轮上下跳动时，工作活塞在油液中做往复运动，使工作活塞的上、下腔之间产生油压差，压力油便推开压缩阀或伸张阀而来回流动。由于阀孔对压力油产生较大的阻尼力，使振动衰减。

四、横向稳定器

横向稳定器（又称横向稳定杆）如图 2-62 所示。横向稳定器利用扭杆弹簧原理，将左、右车轮通过横向稳定杆连接起来。在车身倾斜时，横向稳定杆两边的纵向部分向不同方向偏转，于是横向稳定杆便被扭转。弹性的横向稳定杆产生的扭转力矩就阻碍了悬架弹簧的变形，从而减少车身的横向倾斜。

减振器

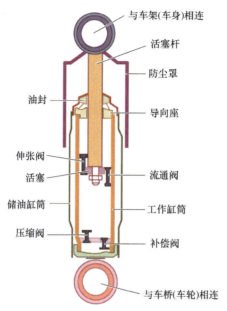
图 2-60　双向作用筒式减振器

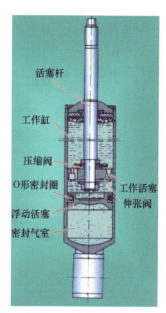
图 2-61　充气式减振器

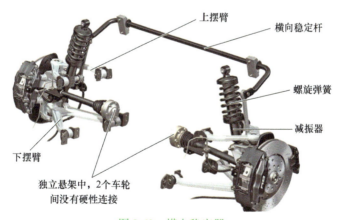
图 2-62　横向稳定器

五、非独立悬架的结构

非独立悬架结构简单，工作可靠。载货汽车的前、后悬架大多属于这种类型，一些轿车的后悬架也采用这一结构类型。

非独立悬架的特点：组成悬架的构件少，结构简单，易于维修，使用寿命长，适合重载，转弯时车身倾斜度小，车轮定位几乎不因其上、下运动而改变，轮胎磨损较少，但左、右车轮的运动会相互影响，容易产生跳动和摇摆现象，导致汽车行驶平顺性变差。

125

按照采用弹性元件的不同，非独立悬架可以分为钢板弹簧式非独立悬架和螺旋弹簧式非独立悬架。

1. 钢板弹簧式非独立悬架

这种悬架的钢板弹簧一般纵向布置，所以也称为纵置板簧式非独立悬架。

钢板弹簧非独立悬架如图 2-63 所示。钢板弹簧中部固定在前桥上。

图 2-64 所示为变刚度钢板弹簧悬架，由主、副钢板弹簧叠合而成，其刚度是可变的，以适应装载质量的不同。

当汽车空载或实际装载质量不大时，副钢板弹簧不承受载荷而由主钢板弹簧单独工作。在重载或满载情况下，车架相对车桥下移，使车架上副钢板弹簧滑板式支座与副钢板弹簧接触，主、副钢板弹簧共同参加工作，一起承受载荷而使悬架刚度增大，以保证车身振动频率不致因载荷增大而变化过大。

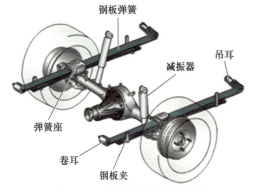

图 2-63　钢板弹簧非独立悬架

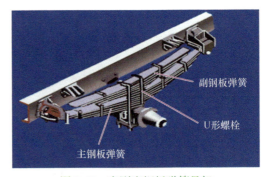

图 2-64　变刚度钢板弹簧悬架

轻型载货汽车的后悬架采用渐变刚度钢板弹簧（图 2-65）。主钢板弹簧由 5 片较薄的钢板弹簧片组成，副钢板弹簧由 5 片较厚的钢板弹簧片组成，它们用中心螺栓固定在一起，主钢板弹簧在上，副钢板弹簧在下。

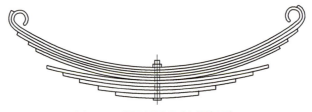

图 2-65　渐变刚度钢板弹簧悬架

在小载荷时，仅主钢板弹簧起作用，而当载荷增加到一定值时，副钢板弹簧开始与主钢板弹簧接触，悬架刚度随之相应提高，弹簧特性变为非线性。当副钢板弹簧全部接触后，弹簧特性又变为线性的。这种渐变刚度钢板弹簧的特点是副钢板弹簧逐渐地起作用，因此悬架刚度的变化比较平稳，从而改善了汽车行驶平顺性。

2. 螺旋弹簧式非独立悬架

螺旋弹簧式非独立悬架如图 2-66 所示，一般只用于乘用车的后悬架。

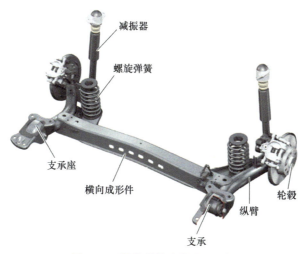

图 2-66　螺旋弹簧式非独立悬架

六、独立悬架的结构

独立悬架的结构类型很多，按其结构形式不同可分为横臂式、纵臂式、烛式、麦弗逊式及多连杆式独立悬架等。

1. 横臂式独立悬架

横臂式独立悬架是一种车轮在汽车横向平面内摆动的独立悬架结构，分为单横臂式和双横臂式两种。目前单横臂式独立悬架应用较少，下面仅介绍双横臂式独立悬架，如图 2-67 所示。

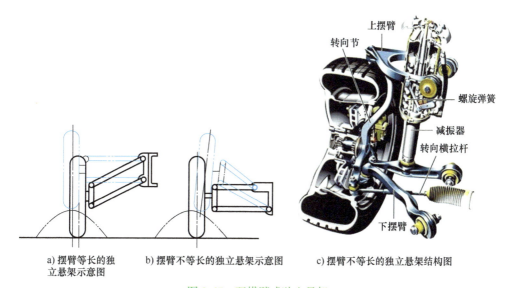

a) 摆臂等长的独立悬架示意图　　b) 摆臂不等长的独立悬架示意图　　c) 摆臂不等长的独立悬架结构图

图 2-67　双横臂式独立悬架

双横臂式独立悬架的两个横摆臂可以是等长的，也可以是不等长的。摆臂等长的独立悬架当车轮上下跳动时，虽然车轮平面不倾斜、主销轴线的方向也不发生变化，但轮距会发生较大的变化，这将引起车轮的侧滑和轮胎的磨损。而摆臂不等长的独立悬架当车轮上下跳动时,虽然车轮平面、主销轴线、轮距都发生变化,但如果选择长度比例合适,可使车轮和主销的角度及轮距变化不大,这种独立悬架被广泛用在乘用车前轮上。

2. 纵臂式独立悬架

纵臂式独立悬架是一种车轮在汽车纵向平面内摆动的独立悬架结构,分为单纵臂式和双纵臂式两种。

(1)单纵臂式独立悬架 单纵臂式独立悬架如果用于前轮,车轮上下跳动时会使主销后倾角变化很大,所以单纵臂式独立悬架都用于后轮,如图2-68所示。

(2)双纵臂式独立悬架 双纵臂式独立悬架的两纵摆臂一般长度相等,形成平行四连杆机构。这种悬架当车轮上下跳动时,车轮外倾角、轮距和主销后倾角都不发生变化,所以适用于前轮。

图2-69所示为用于前轮的双纵臂式独立悬架。转向节和两个纵摆臂通过铰链连接,在车架的两根管式横梁的内部装有由若干层矩形端面的薄弹簧钢片叠成的扭杆弹簧。两根扭杆弹簧的内端用螺栓固定在横梁中部,而外端则插入摆臂轴的矩形孔中。摆臂轴用衬套支承在管式横梁内,摆臂轴和纵臂刚性地连接。

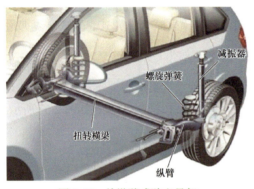

图2-68 单纵臂式独立悬架

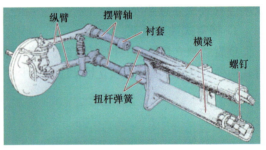

图2-69 用于前轮的双纵臂式独立悬架

3. 烛式独立悬架

烛式独立悬架是一种车轮沿固定不动的主销移动的悬架,如图2-70所示。主销的上下两端刚性地固定在车架上。套在主销上的套筒固定在转向节上。套筒的中部固定装着螺旋弹簧的下支座。筒式减振器的下端与转向节相连,上端与车架相连。悬架的摩擦部分套有防尘罩。通气管与防尘罩内腔相通,以免罩中空气被密封而影响悬架的弹性。

汽车在不平路面上行驶时,车轮、转向节一起沿主销的轴线移动。螺旋弹簧只承受垂直载荷,而车轮上所受的纵向力、侧向力及其力矩则由转向节、套筒经主销传给车架。当悬架变形时,仅轮距、轴距稍有改变,而主销和车轮的倾角都不

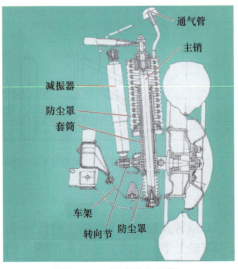

图2-70 烛式独立悬架

会发生变化,因此有利于汽车的转向操纵和行驶稳定性。但是,由于主销和套筒起传力作用,当两者之间相对轴向移动时,摩擦阻力大,磨损严重,故应用较少。

4. 麦弗逊式独立悬架

麦弗逊式独立悬架目前在乘用车中应用非常广泛。图 2-71a 所示为麦弗逊式独立悬架的结构示意图,图 2-71b 所示为乘用车麦弗逊式独立悬架(又称滑柱连杆式悬架)的结构图。双向作用筒式减振器上端用螺栓与车身连接,下端通过球铰链与悬架横摆臂相连,以承受前桥的侧向力和弯矩并增加侧向刚度,使前轮不易发生偏摆,减振器外套有螺旋弹簧。

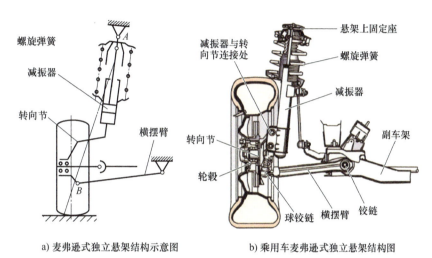

图 2-71　麦弗逊式独立悬架

主销轴线为上、下铰链中心连线。当车轮上下跳动时,减振器下支点随前悬架横摆臂摆动,故主销轴线角度是变化的,这说明车轮是沿着摆动的主销轴线而运动。

麦弗逊式独立悬架结构较简单、布置紧凑,用于前悬架时能增大两前轮内侧的空间,故多用于发动机前置前轮驱动的轿车。

前轮采用麦弗逊式独立悬架时,前轮定位各参数的变化较小,除前轮前束可调整外,其他参数有的车型规定不可调整,有的车型则规定可以调整。常见的调整部位及调整方法如下:

1)改变转向节与横摆臂外端的位置。如图 2-72a 所示,松开转向节球头销与横摆臂的连接螺栓,左右横向移动球头销及万向节,可以改变车轮外倾角。

2)改变弹性支柱上支座的位置。如图 2-72a 所示,悬架的弹性支柱上支座用螺栓固定在车身上,松开螺栓,左右横向移动上支座,可以调整车轮外倾角。

3)改变转向节上端的位置。如图 2-72b 所示,由减振器和螺旋弹簧组成的弹性支柱下端通过上、下两个螺栓与转向节上端固定,其中上螺栓经偏心轴销将两者连接在一起。转动上螺栓可使偏心轴销转动,从而带动转向节上端左右横向(A 向)移动,进而改变车轮外倾角。

5. 多连杆式独立悬架

独立悬架中多采用螺旋弹簧,因而对于侧向力、垂直力以及纵向力需增设导向装置,即采用杆件来承受和传递这些力,因此在一些轿车上为减轻车重和简化结构采用多连杆式悬架，如图 2-73 所示。

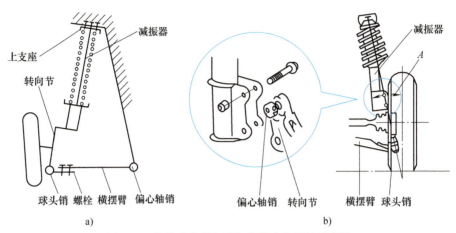

图 2-72　麦弗逊式独立悬架前轮定位调整示意图

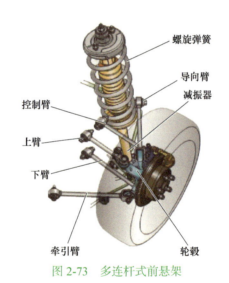

图 2-73　多连杆式前悬架

任务实施

一、任务实施的环境与条件

1）拆装及检修前，车辆可靠驻停。
2）正确选用拆装与检修工具。
3）相关车型维修手册。
4）发动机技术状况良好。
5）仪器操作手册。
6）注意环保及安全操作。

二、任务实施的步骤

1. 螺旋弹簧的检查

检查螺旋弹簧的变形和损坏情况，若发现有变形或裂纹应更换。有条件时使用检测仪检查螺旋弹簧的弹性，也可简单地通过左、右螺旋弹簧自由高度的比较以及与标准螺旋弹簧相比确定弹性变化，螺旋弹簧变软必须更换。检查发现螺旋弹簧衬垫有裂纹或磨损严重时，应更换新件。

检查左、右螺旋弹簧的颜色标记与负荷等级颜色的组合，应符合厂家规定的要求。

2. 前减振器的检修

（1）手压车身法　当车辆在全负荷时（5人+80kg行李），用手在车头前部使用392~491N的力压车头，松开手后，车头起伏2~3次即停止，说明减振器良好。

（2）观察法　从外观上看，减振器不应有渗油或漏油现象，否则说明减振器已经损坏或接近损坏。

（3）感觉法　汽车经过长时间行驶，停车后，用手触摸减振器外壁是否发热，如不发热，说明减振器已失效。

对于已经拆卸下来的减振器，压缩并伸长减振器杆4次或更多次，如图2-74所示。应该无异常阻力或声音且操作阻力正常。如果有任何异常，换上新的减振器。

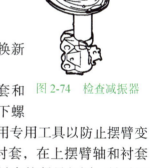

图2-74　检查减振器

3. 上摆臂的检修

上摆臂如有变形应校正，有裂纹时可焊修，损坏严重时应更换新件。防尘套损坏或破裂时，应更换新防尘套。

摆臂衬套若破裂或严重磨损，应更换。摆臂衬套有橡胶衬套和螺栓型衬套两种，它们的更换方法不同。对于橡胶衬套，首先拆下螺塞和缓冲垫，然后用专用工具拆出旧衬套并安装新衬套（必须使用专用工具以防止摆臂变形），最后装好缓冲垫和摆臂螺塞。对于螺栓型衬套，先拆出旧衬套，在上摆臂轴和衬套的螺纹部分涂上润滑脂，然后同时拧紧两边的衬套，并保证两边衬套拧紧量相同，最后用280~320N·m的拧紧力矩紧固，拧紧后上摆臂应能平顺转动，否则重新安装。

4. 下摆臂的检修

检查下摆臂，若有变形应校正，有裂纹应焊接修复，若损坏严重，则更新。衬套若损坏或磨损严重时应更换。更换衬套时，应使用专用工具借助压床压出旧衬套。压装衬套时，不允许加润滑油，而且应与衬套保持架一起更新。拆装时，应注意防止摆臂壳体变形。若摆臂轴螺纹损坏，应更换新轴。摆臂轴磨损严重时，可通过镀铬或堆焊修复。

5. 球头销接头的检查

将球头销接头夹在台虎钳上，用手摇动球头销5次，不应感觉有卡滞或松旷，然后用扭力计以2~4s转一圈的速度转动球头销，取第5圈时的力矩值，下球头销的力矩应为0.5~2.5N·m。若不符合以上要求，应更换球头销接头。

6. 支撑杆总成的检查

支撑杆若有弯曲应校直，支撑杆及各零件若有严重磨损或损坏应更换或修复。

三、技能训练及相关实践知识

汽车悬架检修技能训练

【训练任务】客户所驾驶的乘用车最近感觉颠簸比较厉害,舒适性比以前下降了很多。维修人员需对汽车悬架进行检修,并向客户解释故障产生的原因。

【训练建议】以小组形式完成。制订故障诊断与排除的基本流程,并按要求逐项填写技能训练评价表。

【评价建议】可用如下技能训练评价表对学生操作技能进行评价。

技能训练评价表

学生姓名					
测评日期		测评地点			
测评内容	汽车悬架检修				
考评标准	内容	分值/分	自评	互评	师评
	螺旋弹簧的检查	20			
	前减振器的检修	20			
	上摆臂的检修	20			
	下摆臂的检修	20			
	球头销接头的检查	10			
	支撑杆总成的检查	10			
	合计	100			
最终得分(自评30% + 互评30% + 师评40%)					

说明:测评满分为100分,60~74分为及格,75~84分为良好,85分以上为优秀。60分以下的学生,需重新进行知识学习、任务训练,直到任务完成达到合格为止

>>>>>> 归纳总结

汽车悬架是车架(或车身)与车桥(或车轮)之间一切传力连接装置的总称。现代汽车的悬架虽有不同的结构形式,但一般都由弹性元件、减振器、导向机构等组成,乘用车一般还装有横向稳定器。汽车悬架可分为非独立悬架和独立悬架。

汽车上常用的弹性元件包括钢板弹簧、螺旋弹簧、扭杆弹簧和气体弹簧等。

减振器在汽车中的作用是迅速衰减由车轮通过悬架弹簧传给车身的冲击和振动,提高汽车行驶的平顺性。减振器在汽车悬架中是与弹性元件并联安装的。

非独立悬架结构简单、工作可靠,载货汽车的前、后悬架大多属于这种类型,一些乘用车的后悬架也采用这一结构类型。非独立悬架可以分为钢板弹簧式非独立悬架和螺旋弹簧式非独立悬架。现代汽车,特别是乘用车上广泛采用独立悬架,其特点是独立悬架能使两侧车轮各自独立地与车架或车身弹性连接。独立悬架包括横臂式独立悬架、纵臂式独立悬架、烛式独立悬架、麦弗逊式独立悬架和多连杆式独立悬架等。

思考题

1. 简述汽车悬架的组成及功用。
2. 简述油气弹簧的结构特点和工作原理。
3. 简述双向作用筒式减振器的结构及工作原理。
4. 简述独立悬架所具有的优点。
5. 简述悬架的维修方法。

项目三

汽车转向系统检修

🚗→ 学习目标

通过本项目的学习,你将懂得汽车转向系统的结构组成及工作原理,并具备从事汽车转向系统维护及检修等工作的能力。

能够:
- 熟练掌握汽车机械转向系统的基本组成及工作原理。
- 熟练掌握汽车机械转向系统的检修方法。
- 熟悉汽车液压动力转向系统的结构和工作原理。
- 掌握汽车液压动力转向系统的检修方法。

🚗→ 素养目标

搜集如何提高情绪自我调节、保持身心健康等方面的资料,你将懂得情绪自我调节的重要性。
能够:
- 领悟情绪自我调节的重要性,掌握情绪自我调节的方法。
- 增强情绪自我调节意识,保持良好的身心健康状态,努力学习,勤奋工作,为社会、为国家做出更大贡献。

🚗→ 工作任务

某客户抱怨其驾驶的乘用车液压动力转向系统转向沉重、助力功能失效,要求排除故

项目三 汽车转向系统检修

障、修复此轿车。

汽车转向系统检修主要包括汽车机械转向系统检修和汽车液压动力转向系统检修。

任务一　汽车机械转向系统检修

知识点：①转向系统概述。②机械转向器的结构和工作原理。③转向操纵机构的结构和工作原理。④转向传动机构的结构和工作原理。

能力点：汽车机械转向系统的检修。

任务情境

汽车机械转向系统检修

客户反映，他所驾驶的乘用车在转动转向盘时感到沉重费力，转弯后也不能及时回正方向，师傅让维修工小李来对车辆进行检查，查找并排除故障。小李很快上手，并完成了这项任务。

任务分析

该任务是检修汽车机械转向系统。完成此任务需要了解转向系统的功用、类型、参数及理论；掌握机械转向器的结构和工作原理；掌握转向操纵机构的结构和工作原理；掌握转向传动机构的结构和工作原理；掌握汽车机械转向系统的检修方法。

相关专业知识

一、转向系统概述

1. 转向系统的功用、类型

转向系统是指由驾驶人操纵，能实现转向轮偏转和复位的一套机构。当汽车需要改变行驶方向时，必须使转向轮绕主销轴线偏转一定角度，直到新的行驶方向符合驾驶人的要求时，再将转向轮恢复到直线行驶的位置。

转向系统的功用是按照驾驶人的意愿改变汽车的行驶方向和保持汽车稳定的直线行驶。

汽车转向系统按转向动力源的不同分为机械转向系统（图 3-1）和动力转向系统（图 3-2）两大类。

机械转向系统以驾驶人的体力作为转向动力源。动力转向系统除了使用驾驶人的体力外，还以汽车的动力作为辅助转向能源。按辅助转向能源不同，转向系统分为液压式、气压

135

式和电动式3种动力转向系统。

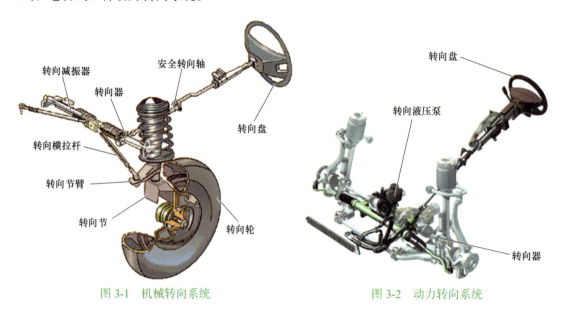

图 3-1 机械转向系统　　　　图 3-2 动力转向系统

2. 转向系统的基本组成和工作原理

　　汽车机械转向系统由转向操纵机构、机械转向器和转向传动机构3大部分组成，载货汽车的机械转向系统如图3-3所示。转向操纵机构包括转向盘、转向轴、转向节、转向传动轴；机械转向器有多种类型，乘用车车上常采用齿轮齿条式转向器；转向传动机构包括转向摇（垂）臂、转向直（纵）拉杆、转向节臂、转向梯形臂、转向横拉杆等。

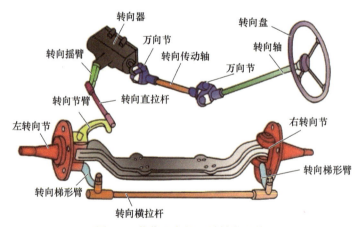

图 3-3 载货汽车的机械转向系统

　　汽车转向时，驾驶人转动转向盘，通过转向轴、转向节和转向传动轴，将转向力矩输入转向器。转向器中有1~2级啮合传动副，具有降速增矩的作用。转向器输出的转矩经转向摇臂，再通过转向直拉杆传给固定在左转向节上的转向节臂，使左转向节及装于其上的左转向轮绕主销偏转。左、右转向梯形臂的一端分别固定在左、右转向节上，另一端则与转向横拉杆通过球铰链连接。当左转向节偏转时，经左转向梯形臂、转向横拉杆和右转向梯形臂的传递，右转向节及装于其上的右转向轮也随之绕主销同向偏转一定的角度。

左、右转向梯形臂和转向横拉杆构成转向梯形，其作用是在汽车转向时，使左、右转向轮按一定的规律进行偏转。

乘用车机械转向系统如图3-4所示，乘用车多数采用齿轮齿条式转向器。汽车转向时，驾驶人转动转向盘，通过转向轴将转向力矩输入至齿轮齿条式转向器，转向齿轮旋转，带动齿条横向移动，通过左、右转向横拉杆，分别带动左、右转向节摆动，从而带动左、右转向轮偏转，实现汽车转向。

3. 转向系统的参数和转向理论

（1）转向系统角传动比　转向系统角传动比是指转向盘的转角与转向盘同侧的转向轮偏转角的比值，一般用 i_w 表示。转向系统角传动比是转向器角传动比 i_1 和转向传动机构角传动比 i_2 的乘积。转向器角传动比是转向盘转角和转向摇臂摆角之比。转向传动机构角传动比是转向摇臂摆角与同侧转向轮偏转角之比。

转向系统角传动比越大，增矩作用越大，转向操纵越轻便，但由于转向盘转的圈数过多，导致操纵灵敏性变差，所以转向系统角传动比不能过大。而转向系统角传动比太小又会导致转向沉重，所以转向系统角传动比既要保证转向轻便，又要保证转向灵敏。但机械转向系统很难做到这点，所以越来越多的车辆采用动力转向系统。

（2）转向盘自由行程　转向盘自由行程（图3-5）是指转向盘在空转阶段的角行程，这主要是由于转向系统各传动件之间的装配间隙和弹性变形所引起的。由于转向系统各传动件之间都存在着装配间隙，而且这些间隙又会随零件的磨损而增大，因此在一定的范围内转动转向盘时，转向节并不马上同步转动，而是在消除这些间隙并克服机件的弹性变形后，才做相应的转动，即转向盘有一空转过程。

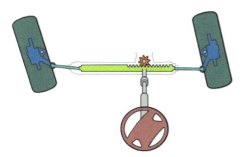

图3-4　乘用车机械转向系统

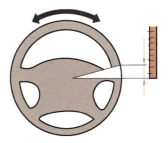

图3-5　转向盘自由行程

转向盘自由行程对于缓和路面冲击及避免驾驶人过于紧张是有利的，但过大的自由行程会影响转向灵敏性。所以汽车维护工作应包括定期检查转向盘的自由行程。一般汽车转向盘的自由行程应不超过10°~15°，否则，应进行调整。

（3）转向时车轮的运动规律　汽车在转向行驶时，要求车轮相对于地面做纯滚动，若有滑动的成分，车轮将边滚边滑，导致转向行驶阻力增大、动力损耗、油耗增加，也会导致轮胎磨损增加。

汽车转向时，内侧车轮和外侧车轮滚过的距离是不等的。对于一般汽车而言，后桥左右两侧的驱动轮由于差速器的作用，能够以不同的转速滚过不同的距离。但前桥左右两侧的转向轮要想滚过不同的距离并保证车轮做纯滚动，就需要所有车轮的轴线都交于一点。此交点

O 称为汽车的转向中心，如图 3-6 所示。汽车转向时内侧转向轮偏转角 β 大于外侧转向轮偏转角 α。α 与 β 的关系是

$$\cot\alpha = \cot\beta + \frac{B}{L}$$

式中　B——两侧主销中心距（可近似认为是转向轮轮距）；
　　　L——汽车轴距。

这一关系是由转向梯形保证的。所有汽车转向梯形的设计实际上都只能保证在一定的车轮偏转角范围内，使两侧车轮偏转角大体上接近上述关系式。

从转向中心 O 到外侧转向轮与地面接触点的距离 R 称为汽车转弯半径。转弯半径 R 越小，则汽车转向所需要场地就越小，汽车的机动性也越好。当外侧转向轮偏转角达到最大值 α_{max} 时，转弯半径 R 最小。

二、转向器的结构和工作原理

转向器是转向系统中降速增矩的传动装置，其功用是增大由转向盘传到转向节的力，并改变力的传动方向。

按转向器中的传动副的结构形式的不同，转向器可以分为循环球式、齿轮齿条式、蜗杆曲柄指销式、蜗杆滚轮式等几种。

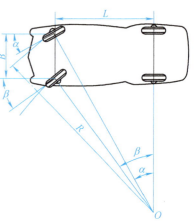

图 3-6　汽车转向示意图

1. 齿轮齿条式转向器

齿轮齿条式转向器采用一级传动副，主动副是齿轮，从动副是齿条，如图 3-7 所示。

转向器壳体通过左面的凸台和右面的凸缘与车身连接。其中间的凸缘上装转向器补偿机构。该机构主要由压簧垫块、压紧弹簧、调整螺钉等组成，如图 3-8 所示，其作用是自动调整齿轮与齿条的啮合间隙。调整螺钉用来调整补偿机构中压紧弹簧的预紧力，出厂时已调好，一般不需要再调整。

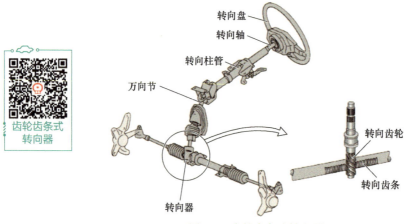

图 3-7　齿轮齿条式转向器

为了衰减由于道路不平而传递给转向盘的冲击、振动，防止转向盘打手，稳定汽车行驶

项目三 汽车转向系统检修

方向,许多乘用车装有转向减振器。转向减振器缸筒一端固定在转向器壳体上,另一端与转向横拉杆支架连接。转向减振器的结构如图3-9所示,其工作原理与悬架中的减振器相类似,这里不再重复介绍。

齿轮齿条式转向器结构简单、可靠性好,便于独立悬架的布置;同时,由于齿轮齿条直接啮合,故使汽车转向灵敏、轻便,因此在各类型汽车上的应用越来越多。

2. 循环球式转向器

循环球式转向器由底盖、壳体、钢球、带齿扇的转向摇臂轴、圆锥轴承、制有齿形的转向螺母、转向螺杆等组成,如图3-10所示。

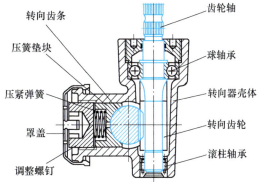

图3-8 齿轮齿条式转向器补偿机构

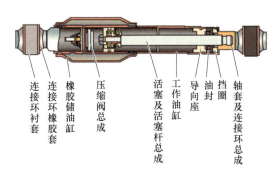

图3-9 转向减振器的结构

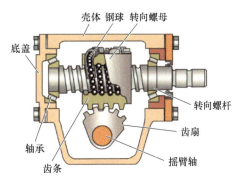

图3-10 循环球式转向器

循环球式转向器采用两级传动副,第1级是转向螺杆与转向螺母,第2级是齿条与齿扇。

循环球式转向器工作时,转向螺杆转动,传给螺母,螺母沿轴线移动。在摩擦力的作用下,所有钢球在螺母与螺杆之间形成"球流"。并推动转向螺母沿螺杆轴线前后移动,然后通过齿条带动齿扇摆动,并使摇臂轴旋转,带动摇臂摆动,最后由传力机构传至转向轮,使转向轮偏转以实现转向。钢球在螺母内绕行两周后,流出螺母进入导管,再由导管流回螺母通道,同时有两列钢球在各自的封闭通道内循环。

循环球式转向器动画

循环球式转向器的最大优点是传动效率高、操纵轻便、工作可靠、使用寿命长。其主要缺点是结构复杂、制造精度要求高、逆传动效率也高。

三、转向操纵机构的结构和工作原理

汽车转向操纵机构主要由转向盘、转向轴、转向柱管等组成,如图3-11所示。它的功用是产生转动转向器所必需的操纵力,并具有一定的调节和安全性能。转向操纵机构要将驾驶人操纵转向盘的力传给转向器,同时为了驾驶人驾驶舒适,还要求转向操纵机构可以进行调节,以满足不同驾驶人的需求;为了防止车辆撞击后对驾驶人的损伤,还要求转向操纵机

139

构具有一定的安全保护装置。

1. 转向盘

转向盘由轮圈、轮辐和轮毂组成,如图 3-12 所示。转向盘内部是由成形的金属骨架构成,骨架外面一般包有柔软的合成橡胶或树脂,也有包皮革的,以具有良好的手感并防止手心出汗时转向盘打滑。

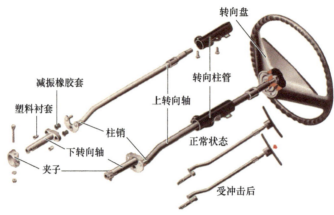

图 3-11 转向操纵机构

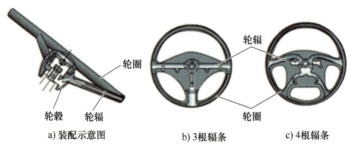

图 3-12 转向盘的结构

转向盘上都装有喇叭按钮,有些轿车的转向盘上还装有车速控制开关以及在发生碰撞时用于保护驾驶人的安全气囊等装置。

2. 转向轴与转向柱管

转向轴是连接转向盘和转向器的传动件,可传递它们之间的转矩。转向柱管安装在车身上,支撑着转向盘。转向轴下端与转向节相连,上端用轴承或衬套支撑在转向柱管内。轴承下端装有弹簧,可自动消除转向柱管与转向轴之间的轴向间隙。转向柱管上端通过上支架固定在驾驶室前围仪表板上,下端压装在下固定支架孔内,下固定支架用两个螺栓固定在驾驶室底板上。转向轴从转向柱管中穿过,支承在柱管内的轴承和衬套上。转向柱管上端装有喇叭接触环、转向灯开关、刮水器开关总成、转向盘锁总成等。

随着汽车车速的提高,对于轿车,除要求装有吸能式转向盘外,还要求转向柱管也必须备有缓和冲击的吸能装置。另外还要求当汽车受到碰撞而产生较大变形时,转向轴和转向柱管能够朝上倾斜,以避免转向盘撞击驾驶人的胸部和头部。

汽车撞车时,首先是车身被撞坏(第1次碰撞),转向操纵机构被后推,从而挤压驾驶人,使其受到伤害;接着,随着汽车速度的降低,驾驶人在惯性力的作用下向前冲,再次与转向操纵机构接触(第2次碰撞)而受到伤害。缓冲吸能式转向操纵机构对这两次冲击都具有吸收能量、减轻驾驶人受伤程度的作用。

可收缩式转向柱管(图3-13)用于防止驾驶人在事故中受到严重伤害。在碰撞开始过程中可收缩转向柱管,防止冲击转向柱管并通过转向盘伤害驾驶人,同时也缓冲了驾驶人与转向盘之间的2次碰撞。通过沿转向柱管垂直收缩,碰撞的能量被转向轴或转向柱管吸收。转向轴分为上、下两段,为防止它滑动或转动,还可以使用塑料销将轴的两部分连接起来。这种结构允许塑料销在碰撞开始过程中折断,转向轴将向内压缩使作用到驾驶人身上的力得到缓冲。

驾驶人不同的驾驶姿势和身材对转向盘的最佳操纵位置有不同的要求。而且,转向盘的这一位置往往会与驾驶人进出汽车的方便性产生矛盾。为此,一些汽车装设了可调节式转向轴,使驾驶人可以在一定的范围内调节转向盘位置。

转向轴调节的形式分为倾斜角度调节和轴向位置调节两种。

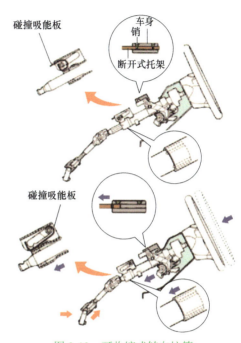

图3-13 可收缩式转向柱管

图3-14所示为转向轴倾斜角度调整机构。转向轴的上段和下段分别通过倾斜调整支架和下托架与车身相连,而且转向轴由倾斜调整支架夹持并固定。倾斜调整用的锁紧螺栓穿过调整支架上的长孔和转向轴,螺栓的左端为左旋螺纹,调整手柄与锁紧螺栓连接在一起。当向下扳动手柄时,锁紧螺栓的螺纹放松,转向轴即可以下托架上的枢轴为中心在装有螺栓的支架长孔范围内上、下移动。确定了转向柱管的合适位置后,向上扳动调整手柄,可将转向轴重新定位。

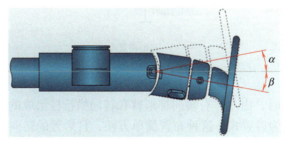

图3-14 转向轴倾斜角度调整机构

图 3-15 所示的是 1 种转向轴伸缩机构。转向轴分为上、下两段，两者通过花键连接。

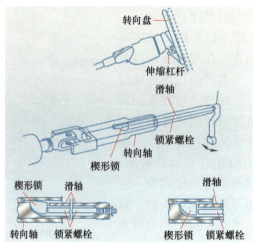

图 3-15　转向轴伸缩机构

四、转向传动机构的结构和工作原理

转向传动机构的功用是将转向器输出的力和运动传给转向轮，使两侧转向轮偏转以实现汽车转向，并保证左、右转向轮的偏转角按一定关系变化。

1. 与非独立悬架配用的转向传动机构

与非独立悬架配用的转向传动机构如图 3-16 所示，它一般由转向摇臂、转向直拉杆、转向节臂、两个转向梯形臂和转向横拉杆等组成。各杆件之间都采用球形铰链连接，并设有防止松动、缓冲吸振、自动消除磨损后的间隙等的结构。

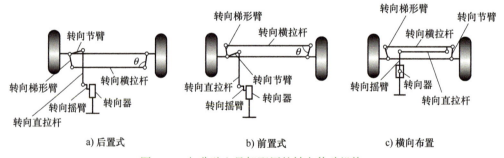

图 3-16　与非独立悬架配用的转向传动机构

当前桥仅为转向桥时，由左、右转向梯形臂和转向横拉杆组成的转向梯形一般布置在前桥之后（图 3-16a），称为后置式。这种布置简单方便，且后置的转向横拉杆有前面的车桥做保护，可避免直接与路面障碍物相碰撞而损坏。当发动机位置较低或前桥为转向驱动桥时，往往将转向梯形布置在前桥之前（图 3-16b），称为前置式。若转向摇臂不是在汽车纵向平面内前后摆动而是在与路面平行的平面内左右摆动,则可将转向直拉杆横向布置,并借球头销直接带动转向横拉杆,从而推动左、右转向梯形臂转动(图3-16c)。

2. 与独立悬架配用的转向传动机构

当转向轮采用独立悬架时,由于每个转向轮都需要相对于车架(或车身)做独立运动,所以,转向桥必须是断开式的。与此同时,转向传动机构中的转向梯形也必须分成2段或3段。图3-17所示为几种与独立悬架配用的转向传动机构示意图。其中,图3-17a所示的转向传动机构与循环球式转向器配用,图3-17b所示的转向传动机构与齿轮齿条式转向器配用。

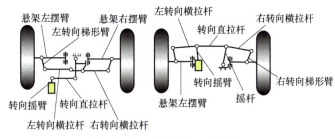

a) 与循环球式转向器配用的转向传动机构

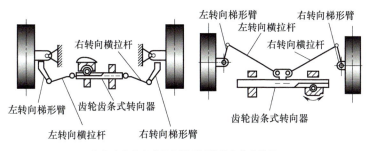

b) 与齿轮齿条式转向器配用的转向传动机构

图3-17　几种与独立悬架配用的转向传动机构示意图

3. 转向摇臂

图3-18所示为常见转向摇臂的结构形式,其大端具有三角细花键锥形孔与转向摇臂轴连接,并用螺母固定;其小端用锥形孔与球头销柄部连接,同样用螺母固定。转向摇臂安装后,从中间位置向两边摆动的角度应大致相等,故在把转向摇臂安装到转向摇臂轴上时,两者相应的角度位置应正确。为此,常在摇臂大孔外端面上和摇臂轴的外端面上各刻有短线,或是在两者的花键部分上都少铣一个齿作为装配标记。装配时应将标记对齐。

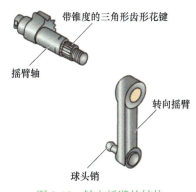

图3-18　转向摇臂的结构

4. 转向直拉杆

图3-19所示为转向直拉杆,它是连接转向摇臂和转向节臂的杆件。

5. 转向横拉杆

图 3-20 所示为转向横拉杆。它由横拉杆体和两个旋装在两端的横拉杆接头组成。横拉杆体用钢管制成,其两端制有螺纹,一端为右旋,一端为左旋,与横拉杆接头旋装连接。两端接头结构相同。旋转横拉杆体可使两端接头同时向里或向外移动而改变其长度,以调整前束值。接头的螺纹孔壁上开有轴向切口,故具有弹性,旋装到杆体上后可用螺栓夹紧。

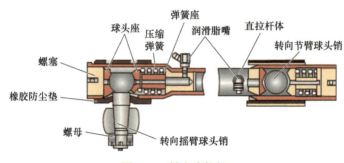

图 3-19 转向直拉杆

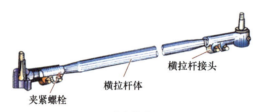

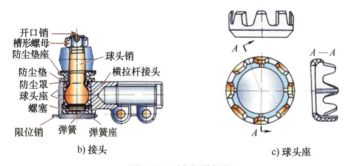

图 3-20 转向横拉杆

6. 转向节臂和转向梯形臂

转向节臂和转向梯形臂如图 3-21 所示,转向直拉杆通过转向节臂与万向节相连。转向横拉杆两端经左、右转向梯形臂与万向节相连。转向节臂和转向梯形臂带锥形柱的一端与万向节锥形孔相配合,用键防止螺母松动。转向节臂和转向梯形臂的另一端均带有锥形孔,与相应的拉杆球头销锥形柱相配合,同样用螺母紧固后插入开口销锁住。

项目三 汽车转向系统检修

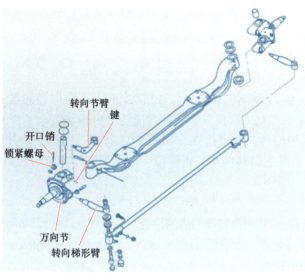

图 3-21 转向节臂和转向梯形臂

任务实施

一、任务实施的环境与条件

1）拆装及检修前，车辆可靠驻停。
2）正确选用拆装与检修工具。
3）相关车型维修手册。
4）发动机技术状况良好。
5）仪器操作手册。
6）注意环保及安全操作。

二、任务实施的步骤

1. 转向操纵机构的检查

（1）转向盘自由行程的检查 汽车每行驶 12000km 左右，应检查转向盘的自由行程，检查方法如下：

1）起动发动机（机械转向系统无须起动发动机）。
2）转动转向盘使前轮处于直线行驶位置。
3）轻轻移动转向盘，在转向轮就要开始移动时（或感觉到阻力时），使用直尺测量转向盘外缘的移动量，一般应为 15~20mm。
4）如果不符合要求，应该检查转向器间隙、调整转向球头销等。

（2）转向盘转动阻力检查 转向盘转动阻力可用图 3-22 所示弹簧秤拉动转向盘边缘进行测量。

图 3-22 转向盘转动阻力的检查

145

$$转动阻力 = M/R$$

式中　M——转动力矩；

　　　R——转向盘半径。

(3) 转向盘锁止功能的检查

1) 将点火开关转至"LOCK"位置，轻轻转动转向盘，此时转向盘应该锁止不能转动。

2) 将点火开关转至"ACC"位置，转向盘应能自由转动。

(4) 转向操纵机构松动、摆动检查　如图3-23所示，用双手握住转向盘，在轴向和径向方向上用力摇动，观察此时转向盘是否移位。由此了解转向盘与转向轴的安装情况，检查轴承是否松旷等。

2. 转向器的检查

通过转向盘自由行程和转向盘转动阻力的检查，可以判断转向器轴承预紧度和转向器传动副配合间隙大小，如果不符合要求，需要对转向器轴承预紧度和转向器传动副配合间隙进行调整。

3. 转向传动机构的检查

(1) 目视检查

1) 目视检查转向传动机构是否弯曲、损坏，防尘罩是否有裂纹或破损。

2) 目视检查转向器是否漏油。

(2) 松动、摆动检查　用手摇晃转向传动机构检查其是否松动或摆动。

(3) 转向拉杆球头销预紧度的调整

1) 组装横、直拉杆总成时，注意在球头销、球碗表面涂抹润滑油。

2) 组装直拉杆时，用弯头扳手将调整螺塞拧到底后，再退回1/4圈左右，并使开口销孔对准，然后穿入开口销锁止螺塞，图3-24所示为转向拉杆球头销预紧度的调整。

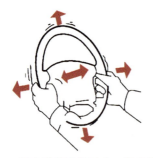

图3-23　转向操纵机构松动、摆动的检查

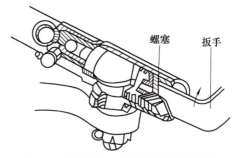

图3-24　转向拉杆球头销预紧度的调整

3) 组装横拉杆时，将螺塞拧到底，再退回1/4~1/2圈，装上开口销锁止螺塞。

三、技能训练及相关实践知识

汽车机械转向系统检修技能训练

【训练任务】客户所驾驶的乘用车在转动转向盘时会感到沉重费力，转弯后也不能及时回正方向。维修人员需对汽车机械转向系统进行检修，并向客户解释故障产生的原因。

【训练建议】以小组形式完成。制订故障诊断与排除的基本流程，并按要求逐项填写技能训练评价表。

项目三　汽车转向系统检修

【评价建议】可用如下技能训练评价表对学生操作技能进行评价。

技能训练评价表

学生姓名					
测评日期		测评地点			
测评内容		汽车机械转向系统检修			
考评标准	内容	分值/分	自评	互评	师评
	转向操纵机构的检查	30			
	转向器的检查	40			
	转向传动机构的检查	40			
	合计	100			
最终得分（自评30%＋互评30%＋师评40%）					

说明：测评满分为100分，60~74分为及格，75~84分为良好，85分以上为优秀。60分以下的学生，需重新进行知识学习、任务训练，直到任务完成达到合格为止

>>>>>> 归纳总结

　　转向系统是指由驾驶人操纵，能实现转向轮偏转和回位的一套机构。当汽车需要改变行驶方向时，必须使转向轮绕主销轴线偏转一定角度，直到新的行驶方向符合驾驶人的要求时，再将转向轮恢复到直线行驶的位置。转向系统的功用是按照驾驶人的意愿改变汽车的行驶方向和保持汽车稳定的直线行驶。

　　汽车转向系统按转向动力源的不同分为机械转向系统和动力转向系统两大类。机械转向系统以驾驶人的体力作为转向动力源。动力转向系统除了使用驾驶人的体力外，还以汽车的动力作为辅助转向能源，按辅助转向能源不同又可以分为液压式、气压式和电动式3种动力转向系统。

　　汽车机械转向系统由转向操纵机构、机械转向器和转向传动机构3大部分组成。转向操纵机构包括转向盘、转向轴、转向节、转向传动轴；机械转向器有多种类型，乘用车上常采用齿轮齿条式转向器；转向传动机构包括转向摇（垂）臂、转向直（纵）拉杆、转向节臂、转向梯形臂、转向横拉杆等。转向盘的自由行程是指转向盘在空转阶段的角行程，这主要是由于转向系统各传动件之间的装配间隙和弹性变形所引起的。转向盘自由行程对于缓和路面冲击及避免驾驶人过于紧张是有利的，但过大的自由行程会影响转向灵敏性。所以汽车维护工作应定期检查转向盘的自由行程。一般汽车转向盘的自由行程应不超过10°~15°，否则应进行调整。

　　转向器是转向系统中实现降速增矩的传动装置，其功用是增大由转向盘传到转向节的力，并改变力的传动方向。按转向器中的传动副的结构形式分，转向器可以分为循环球式、齿轮齿条式、蜗杆曲柄指销式、蜗杆滚轮式等几种。汽车转向操纵机构主要由转向盘、转向轴、转向柱管等组成。它的功用是产生转动转向器所必需的操纵力，并具有一定的调节和安全性能。转向传动机构的功用是将转向器输出的力和运动传给转向轮，使两侧转向轮偏转以实现汽车转向，并保证左右转向轮的偏转角按一定关系变化。

147

思考题

1. 简述汽车机械转向系统的基本组成及工作原理。
2. 简述转向盘自由行程的定义及对转向的影响。
3. 说明转向系统角传动比的定义及对转向的影响。
4. 结合实物或参考图片说明循环球式转向器的基本组成及工作原理。
5. 简述转向盘自由行程的检查与调整方法。

任务二 汽车液压动力转向系统检修

知识点：①动力转向装置的分类。②液压动力转向系统的结构和工作原理。③转向液压泵的结构和工作原理。

能力点：汽车液压动力转向系统的检修。

任务情境

汽车液压动力转向系统检修

客户反映，他所驾驶的乘用车在转向时，液压动力转向系统有过大的异响，并影响汽车的转向性能，师傅让维修工小李来对车辆进行检查，查找并排除故障。小李很快上手，并完成了这项任务。

任务分析

该任务是检修汽车液压动力转向系统。完成此任务需要了解动力转向装置的分类；掌握液压动力转向系统的结构和工作原理；掌握转向液压泵的结构和工作原理；掌握汽车液压动力转向系统的检修方法。

相关专业知识

为了减轻驾驶人的疲劳强度，改善转向系统的技术性能，目前很多汽车都采用了动力转向装置。采用动力转向的汽车在转向时，所需的能量在正常情况下，只有小部分是驾驶人提供的体能，而大部分是由发动机提供的，即利用发动机驱动转向液压泵旋转，将发动机输出的部分机械能转化为压力能。压力能在驾驶人的控制下，驱动转向液压泵旋转，可对转向传动装置或转向器中某一传动件施加不同方向的随动渐进压力，从而实现转向。

一、动力转向装置的分类

动力转向装置按传能介质的不同，可以分为气压式和液压式两种。气压动力转向系统主要用于采用气压制动的载货汽车和客车。液压动力转向器的工作压力可高达 10MPa 以上，其部件结构紧凑、尺寸很小。液压系统工作时无噪声，工作滞后时间短，而且能吸收来自不平路面的冲击。因此，液压式动力转向装置已在各级、各类汽车上得到了广泛应用。

液压式动力转向装置按液流形式，又可分为常压式和常流式两种。

图 3-25 所示为常压式液压动力转向装置。当汽车直线行驶，转向盘保持在中立位置时，转向控制阀经常处于关闭位置。转向液压泵输出的压力油充入蓄能器。当蓄能器压力增长到规定值时，液压泵即自动卸荷空转，从而使蓄能器压力得以限制在该规定值以下。驾驶人转动转向盘时，机械转向器即通过转向摇臂等杆件使转向控制阀转入开启（工作）位置。此时蓄能器中的压力油即流入转向助力缸。通过转向助力缸推杆输出的液压作用力，作用在转向传动机构上，以克服机械转向器输出力不足的问题。转向盘一旦停止运动，转向控制阀便随之恢复到关闭位置。于是转向加力作用终止。由此可见，无论转向盘处于中立位置还是转向位置，也无论转向盘保持静止还是运动状态，液压系统工作管路中总是保持高压。

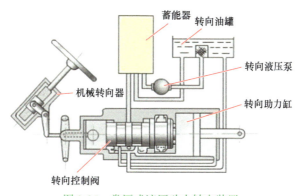

图 3-25 常压式液压动力转向装置

图 3-26 所示为常流式液压动力转向装置。汽车不转向时，转向控制阀保持开启，转向助力缸由于其活塞两边的工作腔都与低压回油管路相通而不起作用。转向液压泵输出的油液流入转向控制阀后，又由此流回转向油罐。因转向控制阀的节流阻力很小，故转向液压泵输出压力也很低，转向液压泵实际处于空转状态。当驾驶人转动转向盘，通过机械转向器使转向控制阀处于与某一转弯方向相应的工作位置时，转向助力缸的相应工作腔才与回油管路隔绝，转而与转向液压泵输出管路相通。而转向助力缸的另一腔则仍然通回油管路。地面转向阻力经转向传动机构传到转向助力缸的推杆和活塞上，形成比转向控制阀节流阻力高得多的转向液压泵输出管路阻力。于是转向液压泵输出压力急剧升高，直到足以推动转向助力缸活塞为止。转向盘停止转动后，转向控制阀随即恢复到中立位置，使转向助力缸停止工作。

上述两种液压式动力转向装置相比，常压式的优点在于有蓄能器积蓄液能，可以使用流量较小的转向液压泵，而且还可以在液压泵不运转的情况下保持一定的转向加力能力，使汽车有可能续驶一定距离，这一点对于重型汽车尤为重要。常流式的优点则是结构简单，转向液压泵使用寿命较长，泄漏较少，消耗功率也较小。因此，目前除少数重型汽车采用常压式动力转向装置外，其余汽车多采用常流式动力转向装置。

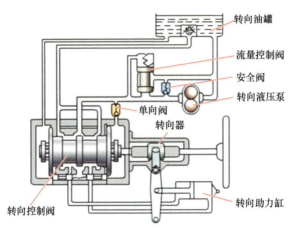

图 3-26　常流式液压动力转向装置

液压动力转向系统根据转向助力装置的零部件布置和连接组合方式的不同，可以分为以下 3 种（图 3-27）。

（1）整体式动力转向系统（图 3-27a）　整体式动力转向系统的特点是将转向控制阀、转向助力缸和机械转向器设计成一个整体，转向控制阀由转向轴直接操纵。其优点是结构紧凑，安装和维修调整方便。

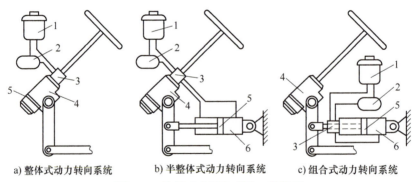

a) 整体式动力转向系统　　b) 半整体式动力转向系统　　c) 组合式动力转向系统

图 3-27　液压动力转向系统 3 种类型

1—转向油罐　2—转向液压泵　3—转向控制阀　4—机械转向器
5—助力缸活塞　6—转向助力缸

（2）半整体式动力转向系统（图 3-27b）　半整体式动力转向系统的特点是将转向控制阀和机械转向器设计成一个整体，而将转向助力缸单独布置，转向控制阀由转向轴直接操纵。由于转向助力缸的助力作用在转向传动机构上，因此在系统油压相同和动力缸活塞面积相等的条件下，与整体式动力转向系统相比可以获得更大的助力作用。

（3）组合式动力转向系统（图 3-27c）　组合式动力转向系统的特点是将转向控制阀和

转向助力缸设计成一个整体，转向控制阀不是由转向轴直接操纵，故属于间接操纵式。其优点是可以在不改变原来机械转向系统零部件的情况下，根据需要附加安装动力转向系统。缺点是零部件较多，安装调试比较麻烦，适用于某些改装车。

液压式动力转向装置按其转向控制阀阀芯的运动方式，还可分为滑阀式和转阀式两种形式。

二、液压动力转向系统的结构和工作原理

动力转向装置由转向控制阀、转向助力缸以及将发动机输出的部分机械能转换为压力能的转向液压泵（或空气压缩机）、转向油罐等组成，如图 3-28 所示。

1. 液压常流滑阀式动力转向装置

液压常流滑阀式动力转向装置的基本组成如图 3-29 所示，主要包括转向液压罐、转向液压泵、转向控制阀、转向助力缸等。动力转向系统内各处充满油液，当滑阀在阀体中移动时，可使转向助力缸活塞在 L、R 两腔油压差推动下来回移动，从而起到助力作用。

汽车直线行驶（图 3-29a）时，滑阀 7 靠装在阀体内的复位弹簧 10 和反作用柱塞 8 保持在中间位置。由转向液压泵输送出来的油液自进油孔进入阀体 9 的环槽 A，然后分成两路，一路流过环

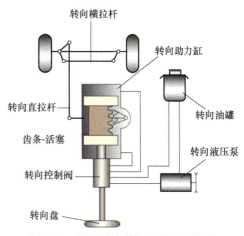

图 3-28 液压动力转向系统的示意图

槽 B、D，另一路流过环槽 C 和 E。两路油流最后会合经回油孔道流回转向油罐。因此转向液压泵的负荷很小，只需克服管路阻力，而整个系统内油路相通，油压处于低压状态。转向助力缸因左、右腔油压相等而不起加力作用。

当汽车向右转弯（图 3-29b）时，驾驶人操纵转向盘带动转向螺杆 11 沿顺时针方向旋转，由于转向轮受到路面的阻力，起初转向摇臂和转向螺母保持不动，驾驶人仍沿顺时针方向转动转向盘，与转向轴连成一体的滑阀和左螺旋杆便克服复位弹簧作用在柱塞一侧的油液压力而向右移动。这时环槽 A 与 C、B 与 D 分别连通，而环槽 C 与 E、A 与 B 则分别隔绝，因而使助力缸中活塞左侧 L 腔与进油道相通，形成高油压区，而活塞右侧 R 腔与回油道相通，形成低油压区。在油压差的推动下，活塞向右移动，转向螺母 12 向左移动，而纵拉杆则与活塞同向移动，并带动转向轮偏转。由于油压很高，因此汽车转向主要靠活塞推力，从而大大减小驾驶人作用在转向盘上的转向力。

在转向盘和转向螺杆沿顺时针方向继续转动时，上述的液压加力作用一直存在。当转向盘转过一定角度而保持不动时，转向螺杆不转动，转向螺杆加于转向螺母的向左作用力消失，转向螺母也不能再继续相对于转向螺杆左移。但在油压差作用下，转向螺母仍将带动转向螺杆和滑阀一起继续左移，直到滑阀恢复到图 3-29a 所示的中间位置。这时动力转向系统停止工作，转向轮便不再继续偏转。由此可见，采用了动力转向后，转向轮偏转的开始和终止都较转向盘转动的开始和终止要略为晚一些。

汽车向左转弯（图 3-29c）时，滑阀左移，改变油路，转向助力缸助力方向相反。在转

向过程中，转向助力缸中的油压随转向阻力而变化，两者互相保持平衡（在转向油泵的负荷范围内）。如果油压过高，克服了转向阻力后还有剩余时，车轮便会加速转向。一旦车轮偏转角度超过了转向盘所给定的转向角度时，则由转向螺母带动转向螺杆做轴向移动。此时转向螺杆移动的方向与转向开始时的移动方向相反。结果，滑阀改变了油路，减小了转向助力缸中的油压，转向轮的转速又减慢，以保证转向轮偏转与转向盘的转动相适应。这就是动力转向装置具有的随动作用，转向助力缸只提供推力，而转向过程仍由驾驶人通过转向盘进行控制。

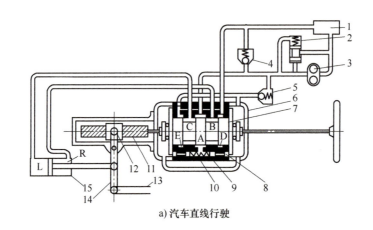

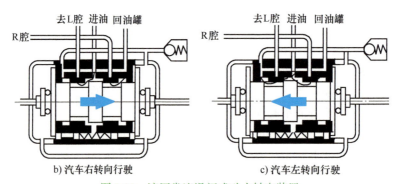

图 3-29　液压常流滑阀式动力转向装置

1—转向油罐　2、4—溢流阀　3—转向液压泵　5—单向阀　6—转向控制阀
7—滑阀　8—反作用柱塞　9—阀体　10—复位弹簧　11—转向螺杆
12—转向螺母　13—转向主拉杆　14—转向摇臂　15—转向助力缸

如果动力转向系统（如转向液压泵）失效，动力转向不但不能使转向轻便，反而会增加转向阻力。为了减小这一阻力，装置单向阀 5，单向阀 5 安装在操纵阀的进油道与回油道之间。在正常情况下，进油道中油压为高压，回油道则为低压，单向阀 5 被弹簧和油压所关闭，两油道不相通。在转向液压泵失效后转向时，进油道变为低压，而回油道却有一定的压力（由于此时转向助力缸活塞起泵油作用）。进、回油道的压力差使得单向阀打开，两油道相通，油液从转向助力缸的一边（被活塞挤压的一边）流向另一边（活塞离开后产生低压的一边），这就减小了转向阻力。

在转向过程中，对装的反作用柱塞 8 之间总是充满高压油液，而油压又与转向阻力成正比。在转向时，要反作用柱塞移动，必须克服复位弹簧 10 和油压产生的反力，此力传到驾驶人的手上，使驾驶人可以感到转向阻力的变化情况，这种作用称为"路感"。显然，反作用柱塞 8 是起"路感"作用的。有的动力转向系统中没有反作用柱塞，因而没有"路感"作用，在任何情况下，转向力大致相同。复位弹簧的作用有两个：一是在汽车直线行驶时保证滑阀处于中间位置；二是转向后能使转向轮自动回正。

转向液压泵 3 由发动机带动，其作用是向动力转向系统提供高压油液，转向液压泵应该保证在发动机怠速运转时供油充足，而在发动机以最高转速运转时，供油量又不至于过大，为此设有溢流阀 2。当转向液压泵供油量超过某一定值时，多余的油液经此阀流回到转向液压泵入口处，以限制最大供油量。

溢流阀 4 的作用是限制转向液压泵的最大压力，以避免转向液压泵及其他机构过载而损坏。

2. 液压常流转阀式动力转向装置

液压常流转阀式动力转向装置的基本组成如图 3-30 所示，也是由转向液压泵、转向助力缸、转向控制阀等组成。

当汽车直线行驶时，转阀处于中间位置，如图 3-31a 所示。工作油液从转向器壳体的进油孔流到阀体的中间油环槽中，经过其槽底的通孔进入阀体和阀芯之间，此时阀芯处于中间位置。进入的油液分别通过阀体和阀芯纵槽和槽肩形成的两边相等的间隙，再通过阀芯的纵槽以及阀体的径向孔流向阀体外圆上、下油环槽，通过壳体油道流到助力缸的左转向助

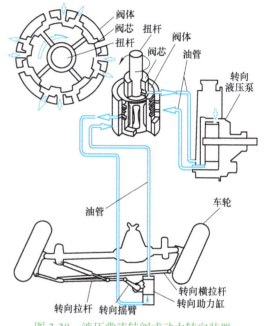

图 3-30 液压常流转阀式动力转向装置

力腔和右转向助力腔。流入阀体内腔的油液在通过阀芯纵槽流向阀体上油环槽的同时，也通过阀芯槽肩上的径向油孔流到转向螺杆和输入轴之间的空隙中，从回油口经油管回到转向油罐中，形成常流式油液循环。此时，上、下腔油压相等且很小，转向助力缸活塞（即转向螺母，或称为齿条 - 活塞）既没有受到转向螺杆的轴向推力，也没有受到上、下腔因压力差造成的轴向推力。转向助力缸活塞处于中间位置，动力转向器不工作。

左转向时（右转向与此正相反），转动转向盘，短轴逆时针转动，通过下端轴销带动阀芯同步转动，同时弹性的扭杆也通过轴盖、阀体上的销子带动阀体转动，阀体通过缺口和销子带动转向螺杆旋转，但由于转向阻力的存在，促使扭杆发生弹性扭转，造成阀体转动角度小于阀芯的转动角度，两者产生相对角位移，如图 3-32b 所示，从而造成通下腔的进油缝隙减小（或关闭），回油缝隙增大，油压降低；上腔则相反，油压升高，上、下助力腔产生油压差，转向螺母 - 助力缸活塞在油压差的作用下移动，产生助力作用。

当转向盘转动后停在某一位置时，阀体随转向螺杆在液力和扭杆弹力的作用下，沿转向盘转动方向旋转一个角度，使之与阀芯的相对角位移量减小，转向助力缸上、下腔的油压差减小，

但仍有一定的助力作用。使助力转矩与车轮的回正力矩相平衡，车轮维持在某一转角位置上。

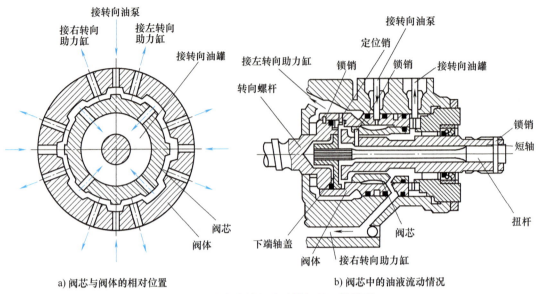

图 3-31 汽车直线行驶时转阀的工作情况

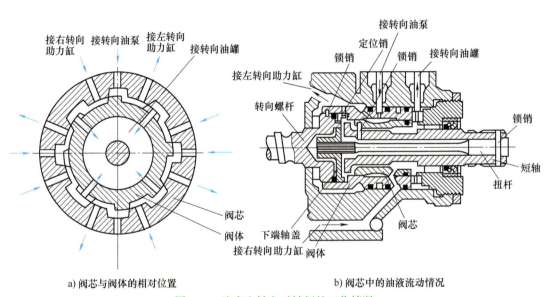

图 3-32 汽车左转向时转阀的工作情况

在转向过程中，若转向盘转动得快，阀体与阀芯的相对角位移量也大，转向助力缸上、下腔的油压差也相应加大，前轮偏转的速度加快；转向盘转动得慢，前轮偏转的也慢；转向盘转到某一位置不动，前轮也偏转到某一位置不变。此即"快转快助，大转大助，不转不助"原理。

转向后需回正时，驾驶人放松转向盘，阀芯在扭杆的作用下回到中间位置，失去助力作用，转向轮在回正力矩的作用下自动复位。若驾驶人同时回转转向盘时，转向助力器助力，帮助车轮回正。

当汽车直线行驶偶遇外界阻力使转向轮发生偏转时,阻力矩通过转向传动机构、转向螺杆、转向螺杆与阀体的锁定销作用在阀体上,使之与阀芯之间产生相对角位移,转向助力缸上、下腔油压不等,产生与转向轮转向相反的助力作用。转向轮迅速回正,保证了汽车直线行驶的稳定性。

当液压动力转向装置失效后,失去方向控制是非常危险的,所以,一旦液压动力转向装置失效,该动力转向器将变成机械转向器。动力传递路线与机械转向系统完全一致。

三、转向液压泵的结构和工作原理

转向液压泵是动力转向装置的动力源,其功用是将发动机的机械能变为驱动转向助力缸工作的液压能,再由转向助力缸输出的转向力,驱动转向车轮转向。

转向液压泵的结构类型有多种,常见的有齿轮式、转子式和叶片式。目前最常用的是双作用叶片式转向液压泵,其工作原理如图3-33所示。当发动机带动转向液压泵沿顺时针方向旋转时,叶片在离心力的作用下紧贴在定子的内表面上,工作容积开始由小变大,并从吸油口吸进油液,而后工作容积又由大变小,压缩油液,经排油口向外供油。转子再转180°,又完成一次吸压油过程。

双作用叶片式转向液压泵有两个工作腔,转子每转一周,每个工作腔都各自吸压油一次。其功用、原理如图3-34所示。溢流阀用以限定转向液压泵的最大输出油量。当输出油量过大时,节流孔处油液的流速很高,但该处的压力很小,此压力经横向油道传到溢流阀右侧,使溢流阀左右两侧的压差增大,在压差的作用下,溢流阀压缩弹簧右移,使进油道和出油道相通,部分油液在泵内循环流动,减少了出油量。安全阀用以限定转向液压泵输出油液的最高压力。当输出压力过高时,这个压力传到溢流阀右侧,使安全阀左移开启,高压油流回进油腔,降低了输出油压。

双叶片泵工作原理

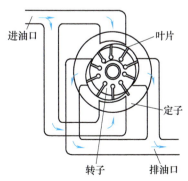
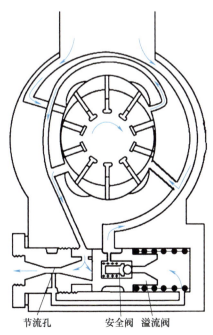

图3-33 双作用叶片式转向液压泵的工作原理　　图3-34 双作用叶片式转向液压泵的功用、原理示意图

任务实施

一、任务实施的环境与条件

1）拆装及检修前，车辆可靠驻停。
2）正确选用拆装与检修工具。
3）相关车型维修手册。
4）发动机技术状况良好。
5）仪器操作手册。
6）注意环保及安全操作。

二、任务实施的步骤

1. 转向助力液液面高度的检查及油液的更换

（1）转向助力液液面高度的检查
1）将车辆停放在平坦的地面上，使前轮处于直行位置。
2）起动发动机，并使其达到正常的工作温度。
3）使发动机怠速运转大约2min，分别向左、右转动几次转向盘，使油温达到40~80℃，关闭发动机。
4）观察转向油罐内转向助力液的液面，此时液面应处于"Max"（上限）与"Min"（下限）之间，液面低于"Min"时，应加至"Max"，如图3-35所示。
5）对于用油尺检查的汽车：拧下带油尺的封盖，用布将油位标尺擦净，将带油尺的封盖插入转向油罐内拧好，然后重新拧出，观察油尺上的标记，应处于"Max"与"Min"之间，必要时将转向油液加至"Max"处。

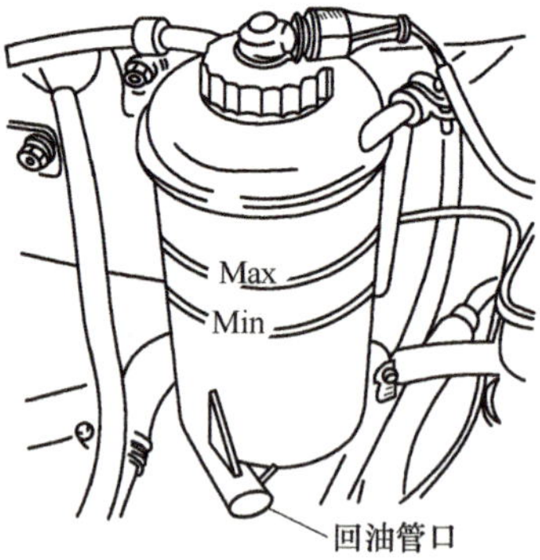

（2）转向助力液的更换
1）排放转向助力液。
① 支起汽车前部，使两前轮离开地面。
② 拧下转向油罐盖，拆下转向液压泵回油管，然后将转向油放入容器中。
③ 发动机怠速运转，在排放转向助力液的同时，左右转动转向盘。
2）加注转向助力液与排气。
① 向转向油罐内加注符合规定的转向助力液。
② 停止发动机工作，支起汽车前部，并用支架支撑，连续从左到右转动转向盘若干次，将转向系统中空气排出。
③ 检查转向油罐中的液面高度，视需要加至"Max"标记处。
④ 降下汽车前部，起动发动机使其怠速运转，连续转动转向盘，注意液面高度的变化，

图3-35 转向油罐液面的检查

当液面下降时就应不断加注转向助力液,直到液面停留在"Max"处,并在转动转向盘后,转向油罐中不再出现气泡为止。

2. 转向液压泵传动带的检查与调整

(1) 传动带张紧力的检查

方法 1:将汽车停放在干燥路面上,运转发动机使油液上升到正常温度,左右转动转向盘,此时传动带负荷最大,如果传动带打滑,说明传动带张紧度不够或转向液压泵内有机械损伤。这种方法为快速经验法。

方法 2:关闭发动机,用手以约 100N 的力从传动带的中间位置按下,传动带应有约 10mm 的挠度,否则必须调整。

方法 3:条件允许时,可使用图 3-36 所示的传动带张紧度测量仪。将测量仪安装在传动带上,然后测量传动带产生标准变形量时所需力的大小。各种尺寸的传动带的张紧度要求见表 3-1。

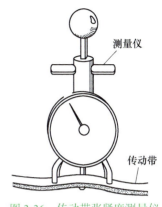

图 3-36 传动带张紧度测量仪

表 3-1 各种尺寸的传动带的张紧度

类型	传动带宽度 /mm		
	8.0	9.5	12.0
新传动带	≤350N	≤620N	≤750N
旧传动带	≤200N	≤300N	≤400N
带齿传动带	≤250N		

提示:汽车每行驶 15000km 时,应检查传动带的张紧力,必要时更换。

(2) 传动带的调整

1) 松开转向液压泵支架上的后固定螺栓。

2) 松开专用螺栓的螺母。

3) 通过张紧螺栓把传动带绷紧。保证当用约 100N 的力按压传动带中间处时,传动带有 10mm 的挠度。

4) 拧紧专用螺栓的螺母。拧紧转向液压泵支架上的固定螺栓。

3. 液压动力转向系统的检查

(1) 检查系统密封性 液压动力转向系统密封性的检查,应在热车时进行。

将转向盘快速朝左、右两侧转至极限位置,并保持不动,此时可产生最佳管内压力。目测检查转向控制阀、齿条密封(松开波纹管软管夹箍,再将波纹管推至一旁)、转向液压泵、油管接头是否有漏油现象,如有渗漏应更换密封件。

如果发现转向油罐中缺少转向助力液时,应检查液压动力转向系统的密封性是否完好。

当转向器主动齿轮不密封时,必须更换阀体中的密封环和中间盖板上的圆形绳环。如果转向器罩壳中的齿轮齿条密封件不密封,转向助力液可能流入波纹管套里,此时,应拆开转向机构,更换所有密封环。如油管接头漏油,应查找原因并重新接好。

(2) 系统压力检查

1) 如图 3-37 所示,接好压力表和节流阀。

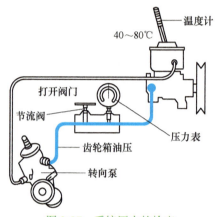

图 3-37　系统压力的检查

2) 将节流阀打开,起动发动机并怠速运转,使转向盘向左、右旋转到极限位置,同时读出压力表上的压力,额定值为 6.8~8.2MPa。

3) 如果向左或向右的额定值达不到要求,就要修理转向器或更换总成。

提示: 如果液压动力转向系统出现失效或转向沉重等故障,应检查转向液压泵和系统的工作压力。

(3) 转向盘的检查

1) 检查转向操纵力。

① 检查转向操纵力时,将汽车停放在水平干燥的路面上,油液温度达到 40~80℃,轮胎气压正常,并使前轮处于直线行驶位置。

② 发动机怠速运转,将一个弹簧秤钩在转向盘边缘上,拉动转向盘,检查转向盘向左、右各转动一圈所需拉力的变化。一般来说,如果转向操纵力超过 44.5N,说明动力转向工作不正常,应检查传动带有无打滑或损坏、转向液压泵输出油压或油量是否低于标准、油液中是否渗入空气、油管是否有压瘪或弯曲变形等故障。

2) 转向盘复位检查。在汽车行驶时查看下列各项内容:

① 缓慢或迅速转动转向盘,检查两种情况下的转向盘操纵力有无明显的差别,并检查转向盘能否回到中间位置。

② 使汽车以约 3.5km/h 的速度行驶,将转向盘沿顺时针或逆时针方向转动 90°,然后放开手 1~2s,如果转向盘能自动回转 70° 以上,说明工作正常,否则应查明故障原因并予以排除。

项目三 汽车转向系统检修

三、技能训练及相关实践知识

汽车液压动力转向系统检修技能训练

【训练任务】客户所驾驶的乘用车在转向时，液压动力转向系统有过大的异响，并影响汽车的转向性能。维修人员需对该车的液压动力转向系统进行检修，并向客户解释故障产生的原因。

【训练建议】以小组形式完成。制订故障诊断与排除的基本流程，并按要求逐项填写技能训练评价表。

【评价建议】可用如下技能训练评价表对学生操作技能进行评价。

技能训练评价表

学生姓名					
测评日期			测评地点		
测评内容		汽车液压动力转向系统检修			
考评标准	内容	分值/分	自评	互评	师评
	转向助力液液面高度的检查及油液的更换	30			
	转向液压泵传动带的检查与调整	30			
	液压动力转向系统的检查	40			
	合计	100			
最终得分（自评30% + 互评30% + 师评40%）					

说明：测评满分为100分，60~74分为及格，75~84分为良好，85分以上为优秀。60分以下的学生，需重新进行知识学习、任务训练，直到任务完成达到合格为止。

>>>>>> 归纳总结

为了减轻驾驶人的疲劳强度，改善转向系统的技术性能，目前很多汽车都采用了动力转向装置。采用动力转向的汽车转向时，所需的能量在正常情况下，只有小部分是驾驶人提供的体能，而大部分是由发动机提供的，即利用发动机驱动转向液压泵旋转，将发动机输出的部分机械能转化为压力能。压力能在驾驶人的控制下，可对转向传动装置或转向器中某一传动件施加不同方向的随动渐进压力，从而实现转向。

液压式动力转向装置按液流形式的不同，可分为常压式和常流式两种。动力转向装置由机械转向器、转向控制阀、转向助力缸以及将发动机输出的部分机械能转换为压力能的转向液压泵（或空气压缩机）、转向油罐等组成。转向液压泵是动力转向装置的动力源，其功用是将发动机的机械能变为驱动转向助力缸工作的液压能，再由转向助力缸输出的转向力，驱动转向车轮转向。转向液压泵的结构类型有齿轮式、转子式和叶片式，目前最常用的是双作用叶片式。

159

思考题

1. 简述液压动力转向装置的分类方法。
2. 简述液压常流滑阀式动力转向装置的结构和工作原理。
3. 简述液压常流转阀式动力转向装置的结构和工作原理。
4. 说明转向油罐转向助力液液面高度的检查及油液的更换方法。
5. 说明转向液压泵传动带张紧力的检查与调整方法。

项目四

汽车制动系统检修

🚗➡ 学习目标

通过本项目的学习,你将懂得汽车制动系统的组成及工作原理,并具备从事汽车制动系统维护及检修等工作的能力。

能够:
- 熟悉汽车制动系统的功用。
- 掌握汽车制动系统的组成和分类方法。
- 掌握汽车制动系统的工作原理。
- 掌握汽车制动器的结构和工作原理。
- 掌握汽车液压式制动传动装置的结构和工作原理。
- 掌握汽车制动系统的检修方法。

🚗➡ 素养目标

搜集生产安全方面的案例,通过学习,你将懂得安全的重要性,并树立安全意识。

能够:
- 领悟汽车维修人员个人安全和维修企业安全的重要性。
- 努力学习安全法规,不断增强安全意识,学会安全生产本领,为营造良好的安全工作环境做出贡献。

工作任务

某客户抱怨其驾驶的乘用车在行驶制动时，行驶方向会发生偏斜；而在其紧急制动时，又会出现方向急转或车辆甩尾，要求排除故障、修复此车。

汽车制动系统检修主要包括汽车制动器检修、汽车液压式制动传动装置检修。

任务一　汽车制动器检修

知识点： ①制动系统的功用、分类、组成及原理。②车轮制动器的结构和工作原理。③驻车制动器的结构和工作原理。

能力点： 汽车制动器的检修。

任务情境

汽车制动器检修

客户反映，他所驾驶的乘用车在行驶制动时，行驶方向会发生偏斜；而在其紧急制动时，又会出现方向急转或车辆甩尾。师傅让维修工小李来对车辆进行检查，查找并排除故障。小李很快上手，并完成了这项任务。

任务分析

该任务是检修汽车制动器。完成此任务需要了解制动系统；掌握车轮制动器的结构和工作原理；掌握驻车制动器的结构和工作原理；掌握汽车制动器的检修方法。

相关专业知识

一、制动系统概述

1. 制动系统的功用

汽车制动系统的功用是：按照需要使汽车减速或在最短距离内停车；下坡行驶时保持车速稳定；使停驶的汽车可靠驻停。

当汽车行驶在宽阔平坦、车流和人流又较少的路况时，可以通过高速行驶来提高运输生产效率。但汽车在行驶过程中也会遇到复杂多变的路面状况，如进入弯道、行经不平道路、两车交会、突遇障碍物等，为了保证行驶安全，就要求汽车在尽可能短的距离内将车速降低，甚至停车。

此外，汽车在下长坡时，由于受到重力所产生的下滑力的作用，会有不断加速到危险程度的趋势，故此时应将车速限定在安全值内，并保持相对稳定；对停驶的车辆，特别是在坡道上停驶的汽车应使之可靠地驻留原地不动。

2. 制动系统的基本组成

为完成汽车制动系统的作用，现代汽车上一般设有以下几套独立的制动系统：

（1）行车制动系统　用于使行驶中的车辆减速或停车，制动器安装在全部的车轮上，通常由驾驶人用脚操纵。

（2）驻车制动系统　用于使停驶的汽车驻留原地，通常由驾驶人用手操纵。

（3）应急制动、安全制动和辅助制动系统

1）应急制动装置是用独立的管路控制车轮制动器的备用系统，其作用在当行车制动装置失效的情况下保证汽车仍能实现减速或停车。

2）安全制动装置是当制动气压不足时起制动作用，使车辆无法行驶。

3）辅助制动装置是为了在汽车下长坡时减轻行车制动器的磨损而设的，其中以利用发动机排气制动应用最广。

汽车上设置有彼此独立的制动系统，它们起作用的时刻不同，但它们的组成却是相似的，一般包括以下 4 个组成部分。

1）供能装置。包括供给、调节制动所需能量以及改善传能介质状态的各种部件，如气压制动系统中的空气压缩机。

2）控制装置。包括产生制动作和控制制动效果的各种部件，如制动踏板等。

3）传动装置。将驾驶人或其他动力源的作用力传到制动器，同时控制制动器的工作，从而获得所需的制动力矩。包括将制动能量传输到制动器的各个部件，如制动主缸、制动轮缸等。

4）制动器。产生阻碍车辆运动或运动趋势的力的部件。

较为完善的制动系统还包括制动力调节装置以及报警装置、压力保护装置等。

3. 制动系统的分类

1）按功能的不同，汽车制动系统可以分为行车制动系统、驻车制动系统以及应急制动、安全制动和辅助制动系统。

2）按照制动能源的不同，汽车制动系统可以分为人力制动系统、动力制动系统和伺服制动系统。人力制动系统是以驾驶人的肌体作为唯一制动能源的制动系统；动力制动系统是完全靠由发动机的动力转化而成的气压或液压形式的势能进行制动的制动系统；伺服制动系统是兼用人力和发动机动力进行制动的制动系统。

4. 制动系统的工作原理

行车制动系统由车轮制动器和液压式制动传动装置两部分组成，图 4-1 所示为制动系统的基本组成及工作原理。

车轮制动器的旋转部分是制动鼓，它固定于轮毂上，与车轮一起旋转。固定部分是制动蹄和制动底板等。制动蹄上铆有摩擦片，其下端套在支承销上，上端用制动蹄回位弹簧拉紧压靠在制动轮缸内的活塞上。支承销和轮缸都固定在制动底板上，制动底板用螺钉与转向节凸缘（前桥）或桥壳凸缘（后桥）固定在一起。制动蹄靠制动轮缸使其张开。

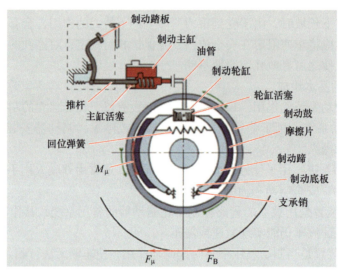

图 4-1　制动系统的基本组成及工作原理

不制动时，制动鼓的内圆柱面与摩擦片之间保留一定间隙，制动鼓可以随车轮一起旋转。

制动时，驾驶人踩下制动踏板，推杆便推动制动主缸内的主缸活塞前移，迫使制动液经管路进入轮缸，推动制动轮缸的活塞向外移动，使制动蹄克服回位弹簧的拉力绕支承销转动而张开，消除制动蹄与制动鼓之间的间隙后压紧在制动鼓上。此时，不旋转的制动蹄摩擦片对旋转的制动鼓产生 1 个摩擦力矩，其方向与车轮的旋转方向相反。制动鼓将此力矩传到车轮后，由于车轮与路面的附着作用，车轮即对路面作用 1 个向前的圆周力 F_μ，与此相反，路面会给车轮 1 个向后的反作用力，这个力就是车轮受到的制动力 F_B。各车轮制动力的总和就是汽车受到的总的制动力。

放松制动踏板，在回位弹簧的作用下，制动蹄与制动鼓的间隙又得以恢复，从而解除制动。

5. 对制动系统的要求

为保证汽车能在安全的条件下发挥出高速行驶的能力，制动系统必须满足下列要求：

1）具有良好的制动效能，能迅速减速直至停车。

2）操纵轻便。操纵制动系统所需的力不应过大。

3）制动稳定性好。制动时，前、后车轮制动力分配合理，左、右车轮上的制动力矩基本相等，使汽车在制动过程中不出现跑偏、甩尾的现象。

4）制动平顺性好。制动力矩能迅速而平稳地增加，也能迅速而彻底地解除。

5）散热性好。连续制动时，制动鼓和制动蹄上的摩擦片因高温引起的摩擦因数下降要小；遇水变湿后恢复要快。

6）对挂车的制动系统，还要求挂车的制动作用略早于主车；挂车自行脱挂时能自动进行应急制动。

二、车轮制动器的结构和工作原理

车轮制动器的作用是将气压或液压转变为制动器制动力,以迫使车轮停转,从而使路面给车轮1个与汽车行驶方向相反的制动力,在该力的作用下,使汽车迅速减速,达到使汽车以给定车速行驶或停车的目的。

无论车轮制动器如何变化,其结构仍由旋转元件和固定元件2大部分组成。旋转元件与车轮相连接,固定元件与车桥相连接。利用旋转元件和固定元件之间的摩擦,产生制动器制动力。

图4-2所示为常用的盘式和鼓式制动器制动原理示意图。当摩擦片压紧旋转的制动盘或制动鼓时,两者接触面之间产生摩擦,通过摩擦将汽车的动能转变为热能,并将热量散发到空气中,最终使车辆减速以至停车。

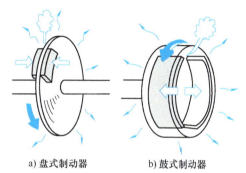

图4-2 常用的盘式和鼓式制动器制动原理示意图

1. 盘式制动器

(1)盘式制动器的类型 <u>盘式制动器根据其固定元件的结构形式可分为钳盘式制动器和全盘式制动器。</u>

全盘式制动器的固定元件的金属背板和摩擦片都做成圆盘形,因而其制动盘的全部工作面可同时与摩擦片接触。全盘式制动器由于制动钳的横向尺寸较大,主要应用在重型汽车上。

钳盘式制动器如图4-3所示,它广泛应用在乘用车或轻型载货汽车上。它的优点是散热良好,热衰退小,热稳定性好,最适用于对制动性能要求较高的前轮制动器。近年来,前、后轮都采用钳盘式制动器的结构日渐增多。

钳盘式制动器按制动钳固定在支架上结构形式的不同,可分为定钳盘式制动器和浮钳盘式制动器。

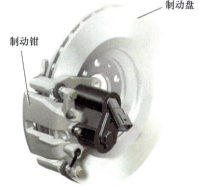

图4-3 钳盘式制动器

(2)盘式制动器的工作原理

1)定钳盘式制动器的工作原理。如图4-4所示,定钳盘式制动器的旋转元件是制动盘,它和车轮固装在一起旋转,以其端面为摩擦工作表面。跨置在制动盘上的制动钳体固定安装在车桥上,它不能旋转也不能沿制动盘轴线方向移动,其内部的两个活塞分别位于制动盘的两侧。制动时,制动液由制动主缸经进油口进入钳体中两个相通的液压腔中,将两侧的制动摩擦块压向制动盘,从而产生制动。

2)浮钳盘式制动器的工作原理。如图4-5所示,制动钳通过导向销与车桥相连,可以相对于制动盘轴向移动。制动钳体只在制动盘的内侧设置液压腔,而外侧的制动摩擦块则附装在钳体上。制动时,制动液通过进油口进入制动轮缸,推动活塞及其上的制动摩擦块向右移动,并压到制动盘上,并使得液压腔连同制动钳整体沿导向销向左移动,直到制动盘右侧的制动摩擦块也压到制动盘上,夹住制动盘并使其制动。

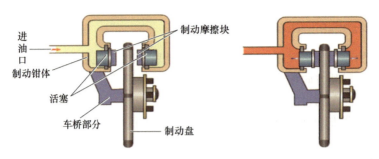

a) 定钳盘式制动器不制动时　　　b) 定钳盘式制动器制动时

图 4-4　定钳盘式制动器的工作原理

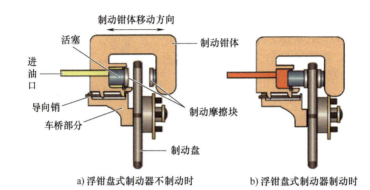

a) 浮钳盘式制动器不制动时　　　b) 浮钳盘式制动器制动时

图 4-5　浮钳盘式制动器的工作原理

3）制动器间隙的自动调整。如图 4-6 所示，制动时，制动液被压入制动轮缸中，经液压作用活塞向制动盘方向移动，推动制动摩擦块紧压制动盘，产生摩擦力矩而制动。在此过程中，制动钳体槽内的矩形橡胶密封圈的刃边在摩擦力的作用下产生弹性变形，相应于极限摩擦力的矩形橡胶密封圈极限变形量 δ，应等于制动器间隙为设定值时的完全制动所需活塞行程，如图 4-6a 所示。

解除制动时，液压系统压力消除，矩形橡胶密封圈恢复到其初始位置，活塞和制动块依靠矩形橡胶密封圈的弹力回位，如图 4-6b 所示。此时制动摩擦块与制动盘之间的间隙（制动器间隙）即为设定间隙，它足以保证制动的解除。

a) 制动时　　　　　　　　b) 解除制动

图 4-6　矩形橡胶密封圈的工作情况

若制动器存在过量间隙，则制动时矩形橡胶密封圈变形量达到极限值 δ 以后，活塞仍可在液压作用下，克服矩形橡胶密封圈的摩擦力而继续移动，直到实现完全制动为止。但解除制动后，制动器间隙即恢复到设定值，因矩形橡胶密封圈将活塞拉回的距离仍然等于 δ，由此可见，矩形橡胶密封圈能兼起活塞回位弹簧和一次调准式间隙自调装置的作用。

（3）盘式制动器的特点

1）盘式制动器的优点如下：

① 散热能力强，热稳定性好。受热后，制动盘只在径向膨胀，不会影响制动间隙。

② 抗水衰退能力强。受水浸后，在离心力作用下很快被甩干，摩擦片上的剩水也由于压力高而容易挤出，一般仅需要1~2次制动后即可恢复正常。

③ 制动时的平顺性好。

④ 结构简单，维修方便。

⑤ 制动间隙小，便于自动调节。

2）盘式制动器的不足之处有以下两点。

① 制动时无助势作用，故要求管路油液压力较高。

② 防污性差，摩擦片磨损较快。

2. 鼓式制动器

鼓式制动器多为内张双蹄式。鼓式制动器按张开装置的形式的不同，可分为轮缸式制动器和凸轮式制动器。

轮缸式制动器主要由制动鼓、制动蹄、制动轮缸、回位弹簧以及连接部件所组成，如图4-7所示。

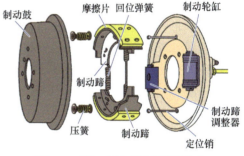

图4-7　轮缸式鼓式制动器的构造

（1）鼓式制动器的工作原理

1）制动器的工作过程（图4-1）。汽车行驶中不需要制动时，制动踏板处于自由状态，制动主缸无制动液输出，制动蹄在复位弹簧的作用下压靠在制动轮缸活塞上，制动鼓的内圆柱面与摩擦片之间保留一定间隙，制动鼓可以随车轮一起旋转。

制动时，驾驶人踩下制动踏板，主缸推杆便推动制动主缸内的活塞前移，迫使制动液经管路进入制动轮缸，推动制动轮缸的活塞向外移动，使制动蹄克服回位弹簧的拉力绕支承销转动而张开，消除制动蹄与制动鼓之间的间隙后压紧在制动鼓上。此时，不旋转的制动蹄摩擦片对旋转的制动鼓就产生一个摩擦力矩，其方向与车轮的旋转方向相反。

放松制动踏板，在回位弹簧的作用下，制动蹄与制动鼓的间隙又得以恢复，从而解除制动。

2）制动蹄的增势和减势。如图4-8所示，汽车前进时，制动鼓的旋转方向为逆时针方向。在制动过程中，两制动蹄在相等的促动力F作用下，分别绕各自的支承点向外偏转紧压在制动鼓上。同时旋转的制动鼓对两蹄分别作用着法向反力F_{N1}和F_{N2}，以及相应的切向反力F_{T1}和F_{T2}，F_{T1}作用的结果是使制动蹄在制动鼓上压得更紧，则F_{N1}变得更大，这种情况称为"增势"作用，相应的制动蹄被称为"领蹄"；与此相反，F_{T2}作用的结果则是使制动蹄有放松制动鼓的

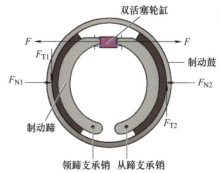

图4-8　领从蹄式制动器示意图

趋势，即 F_{N2} 和 F_{T2} 有减小的趋势。这种情况称为"减势"作用，相应的制动蹄被称为"从蹄"，这种制动器被称为领从蹄式制动器。

通过以上的分析，得出这样的结论：虽然领蹄和从蹄所受的促动力相等，但由于 F_{T1} 和 F_{T2} 的作用方向相反，使得两制动蹄所受到的法向反力 F_{N1} 和 F_{N2} 不相等，且 $F_{N1}>F_{N2}$，相应地 $F_{T1}>F_{T2}$。所以制动蹄作用到制动鼓上的法向力不相等；两制动蹄对制动鼓所施加的制动力矩也不相等。

制动蹄对制动鼓的作用力不相等，则两蹄法向力之和只能由车轮轮毂轴承的反力来平衡，这样对轮毂轴承造成了附加径向载荷，使轴承的使用寿命缩短。为解决这个问题，出现了各种不同的鼓式制动器。

（2）鼓式制动器的类型　鼓式制动器根据制动时两制动蹄对制动鼓的径向作用力之间的关系，可分为简单非平衡式制动器、平衡式制动器和自增力式制动器。

1）简单非平衡式制动器。两制动蹄作用在制动鼓上的法向力不能互相平衡的制动器称为简单非平衡式制动器。

简单非平衡式制动器的工作过程前已提及（图4-8）。其结构特点是2个制动蹄的支承点都位于制动蹄的下端，而促动装置的作用点在制动蹄的上端，共用1个制动轮缸张开，且制动轮缸活塞直径是相等的。其性能特点是汽车前进或倒车制动时，各有1个"领蹄"和"从蹄"。领蹄、从蹄对制动鼓的法向作用力不相等，而这个不平衡的法向作用力只能由车轮的轮毂轴承来承担。

2）平衡式制动器。两制动蹄作用在制动鼓上的法向力互相平衡的制动器称为平衡式制动器。

① 单向平衡式制动器。单向平衡式制动器的结构如图4-9所示，其结构特点是两制动蹄各用1个单向活塞制动轮缸，且前、后制动蹄与其制动轮缸、调整凸轮零件在制动底板上的布置是中心对称的，2个制动轮缸用油管连接。其性能特点是：前进制动时，两蹄均为"领蹄"，有较强的增力作用；倒车制动时两蹄均为"从蹄"，制动力较小。

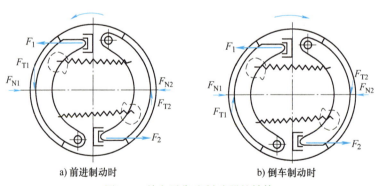

a）前进制动时　　b）倒车制动时

图4-9　单向平衡式制动器的结构

F_1、F_2—促动力　F_{T1}、F_{T2}—切向反力　F_{N1}、F_{N2}—法向反力

② 双向平衡式制动器。双向平衡式制动器的结构如图4-10所示，其结构特点是：制动蹄、制动轮缸、回位弹簧均为成对地对称布置，2个制动蹄的两端采用浮式支承，且支点在周向位置浮动，用回位弹簧拉紧。其性能特点是：汽车前进或倒车制动时，2个制动蹄均为

"领蹄",均有较强的增力作用,制动效果好,制动蹄片磨损均匀。

3)自增力式制动器。

① 单向自增力式制动器。单向自增力式制动器的结构如图4-11所示。第1制动蹄和第2制动蹄的下端分别浮支在浮动的顶杆的两端。制动器只在上方有1个支承销。不制动时,两蹄上端均靠各自的回位弹簧拉靠在支承销上。制动鼓正向旋转方向如图4-11中箭头所示。

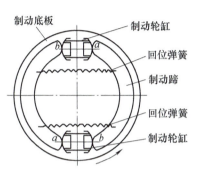

图4-10 双向平衡式制动器的结构

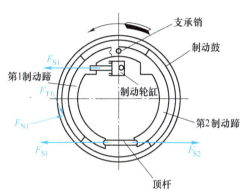

图4-11 单向自增力式制动器的结构

汽车前进制动时,单活塞式制动轮缸只将促动力F_{S1}加于第1制动蹄,使其上端离开支承销,整个制动蹄绕顶杆左端支承点旋转,并压靠在制动鼓上。显然,第1制动蹄是领蹄,并且在促动力F_{S1}、法向合力F_{N1}、切向(摩擦)合力F_{T1}和沿顶杆轴线方向的F_{S1}作用下处于平衡状态。由于顶杆是浮动的,自然成为第2制动蹄的促动装置,而将与力F_{S1}大小相等、方向相反的促动力F_{S2}施于第2制动蹄的下端,故第2制动蹄也是领蹄。正因为顶杆是完全浮动的,不受制动底板约束,作用在第1制动蹄上的促动力和摩擦力的作用没有如一般领蹄那样完全被制动鼓的法向反力和固定于制动底板上的支承件反力的作用所抵消,而是通过顶杆传到第2制动蹄上,形成第2制动蹄促动力F_{S2}。所以F_{S2}大于F_{S1}。此外,F_{S2}对第2制动蹄支承点的力臂也大于F_{S1}对第1制动蹄支承点的力臂。因此,第2制动蹄的制动力矩必然大于第1制动蹄的制动力矩。由此可见,在制动鼓尺寸和摩擦因数相同的条件下,这种制动器的制动效能不仅高于领从蹄式制动器,而且高于两蹄中心对称的双领蹄式制动器。

汽车倒车制动时,第1制动蹄上端压靠支承销不动。此时第2制动蹄虽然仍是领蹄,且促动力F_{S1}仍可能与前进制动时的相等,但其力臂却大为减小,因而第1制动蹄此时的制动效能比一般领蹄的低得多。第2制动蹄则因未受促动力而不起制动作用。故此时整个制动器的制动效能甚至比双从蹄式制动器的效能还低。

② 双向自增力式制动器。双向自增力式制动器的结构如图4-12所示。汽车前进制动时,2个制动蹄在促动力F_S的作用下向外张开压向制动鼓,此时两蹄的上端均离开支承销,沿图中箭头方向旋转的制动

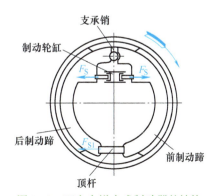

图4-12 双向自增力式制动器的结构

鼓对两蹄产生摩擦力矩，带动两蹄沿旋转方向转过1个不大的角度，直到后蹄又顶靠到支承销上为止。此时，前蹄为"领蹄"，但其支承为浮动的推杆。制动鼓作用在前蹄的摩擦力和法向力的一部分对推杆形成1个推力F_{S1}，推杆又将此推力完全传到后蹄的下端。后蹄在推力F_{S1}的作用下也形成"领蹄"，并在制动轮缸液压促动力F_S的共同作用下进一步压紧制动鼓。推力F_{S1}比促动力F_S大得多，从而使后蹄产生的制动力矩比前蹄更大。

汽车倒车制动时，作用过程与此相反，与前进制动时具有同等的自增力作用。

就制动效能而言，在基本结构参数和制动轮缸工作压力相同的条件下，自增力式制动器居榜首，以下依次为双向平衡式、单向平衡式和简单非平衡式。但就制动效能的稳定性而言，自增力式制动器对摩擦因数的依赖性最大，因而其制动效能的稳定性最差；简单非平衡式制动器制动效能的稳定性居中；平衡式制动器的制动效能稳定性最好。

三、驻车制动器的结构和工作原理

驻车制动器的功用：①车辆停驶后防止滑溜；②使车辆在坡道上能顺利起步；③行车制动系统失效后临时使用或配合行车制动器进行紧急制动。

按驻车制动器在汽车上安装位置的不同，驻车制动装置分中央制动式和车轮制动式2种。前者的制动器通常安装在变速器或分动器的后面，其制动力矩作用在传动轴上，又称为中央制动器；后者则和行车制动装置共用制动器（通常为后轮制动器），又称为复合制动器，只是传动装置互相独立。驻车制动传动装置一般采用人力机械式，通过钢索或杠杆来驱动。其中，钢索传力式因结构简单紧凑，已在乘用车上得到普遍应用。

驻车制动系统的工作原理和行车制动系统的工作原理基本类似，主要是通过操纵机构的拉动，使驻车制动器内制动蹄鼓（或制动盘）压紧，产生摩擦力矩，形成制动力矩，产生制动效果。

（1）载货汽车驻车制动器 载货汽车驻车制动器的结构如图4-13所示，该制动器为中央制动、鼓式、简单非平衡式驻车制动器。

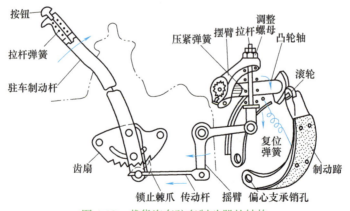

图4-13 载货汽车驻车制动器的结构

制动鼓通过螺栓与变速器输出轴的凸缘盘紧固在一起，制动底板固定在变速器输出轴轴承盖上，2个制动蹄通过偏心支承销支承在制动底板上，其上端装有滚轮，在复位弹簧的作用下滚轮紧靠在凸轮的两侧,凸轮轴支承在制动底板的上部,轴外端与摆臂连接,摆臂的另一端与穿过压紧弹簧的拉杆相连,拉杆再通过摇臂、传动杆与驻车制动杆相连。驻车制动杆上连有棘爪,驻车制动器工作时,棘爪嵌入齿扇上的棘齿内,起锁止作用。解除制动时,需按下驻车制动杆上的按钮使棘爪脱离棘齿才能扳动驻车制动杆。

驻车制动时,将驻车制动杆上端向后拉动,则制动杆的下端向前摆动,传动杆带动摇臂沿顺时针方向转动,拉杆则带动摆臂沿顺时针方向转动,凸轮轴也沿顺时针方向转动,凸轮则使2个制动蹄以支承销为支点向外张开,压靠到制动鼓上,产生制动作用。当制动杆拉到制动位置时,棘爪嵌入齿扇上的棘齿内,起锁止作用。

解除制动时,按下驻车制动杆上的按钮使棘爪脱离棘齿,向前推动制动杆,则传动杆、拉杆、凸轮轴沿逆时针方向转动,制动蹄在复位弹簧的作用下回位,制动蹄与制动鼓间恢复制动间隙,制动解除。

(2)乘用车驻车制动器 乘用车的驻车制动器与行车制动器复合共用,驻车制动传动装置主要由驻车制动杆、拉索等组成,如图4-14所示。

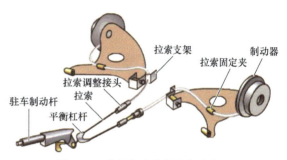

图4-14 乘用车驻车制动传动装置

乘用车的驻车制动器如图4-15所示,图4-16所示为驻车制动系统的工作原理。驻车制动时,拉起驻车制动杆,驻车制动杆的力通过操纵机构使拉索收紧,拉索则拉动驻车制动杠杆的下端,使之绕上端支点(平头销)顺时针方向转动,驻车制动杠杆转动过程中,其中间支点推动驻车制动推杆左移,使左制动蹄压向制动鼓。左制动蹄压向制动鼓后,驻车制动推杆停止运动,则驻车制动杠杆的中间支点变成其继续移动的新支点,于是驻车制动杠杆的上端右移,使右制动蹄压靠在制动鼓上,产生制动作用。此时,驻车制动杆上的棘爪嵌入齿扇上的棘齿内,起锁止作用。

驻车制动原理

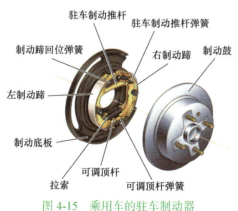

图4-15 乘用车的驻车制动器

图4-16 驻车制动系统工作原理

解除驻车制动时,按下驻车制动杆上的按钮,使棘爪脱离棘齿,将驻车制动杆回到释放制动位置，松开拉索，则制动蹄在回位弹簧的作用下复位。

任务实施

一、任务实施的环境与条件

1）拆装及检修前，车辆可靠驻停。
2）正确选用拆装与检修工具。
3）相关车型维修手册。
4）发动机技术状况良好。
5）仪器操作手册。
6）注意环保及安全操作。

二、任务实施的步骤

1. 盘式制动器的检修

以卡罗拉乘用车前轮盘式制动器为例进行说明。

（1）检查制动摩擦块厚度　如图4-17所示，用直尺测量制动摩擦块厚度。标准厚度为12.0mm，最小厚度为1.0mm。如果制动摩擦块厚度小于最小厚度，更换盘式制动器的制动摩擦块。换上新的制动摩擦块后，务必检查前制动盘的磨损。

（2）检查盘式制动器制动摩擦块支承板　确保盘式制动器制动摩擦块支承板有足够的弹性，没有变形、裂纹或磨损，并清除所有的锈迹和污垢。如有必要，更换盘式制动器制动摩擦块支承板。

（3）检查制动盘厚度　如图4-18所示，用千分尺测量制动盘厚度。标准厚度为22.0mm，最小厚度为19.0mm。如果制动盘厚度小于最小值，需更换制动盘。

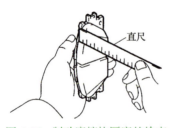

图4-17　制动摩擦块厚度的检查

图4-18　制动盘厚度的检查

（4）检查制动盘径向圆跳动

1）如图4-19所示，用SST（SST 09330-00021）固定制动盘，并用2个螺母紧固制动盘，拧紧力矩为103N·m。

注意：拧紧螺母的同时用SST固定制动盘。

2）检查前桥轮毂轴承的预紧度和前桥轮毂的径向圆跳动。

3）如图 4-20 所示,用百分表在距离制动盘外缘 10mm 的地方测量制动盘的径向圆跳动。制动盘的最大径向圆跳动为 0.05mm。

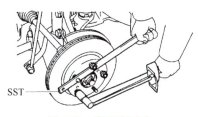

图 4-19 紧固制动盘

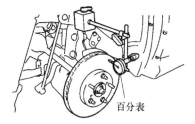

图 4-20 制动盘径向圆跳动的检查

如果径向圆跳动超过最大值,改变车桥轮毂上制动盘的安装位置以减小径向圆跳动。如果安装位置改变后径向圆跳动仍超过最大值,则研磨制动盘。如果制动盘厚度小于最小值,则更换制动盘。

2. 鼓式制动器的检修

拆卸制动鼓以便检查鼓式制动器。制动鼓拆下后,不要踩下制动踏板。

（1）制动蹄摩擦片在制动底板上滑动情况的检查　手动前后移动制动蹄摩擦片并检查制动蹄摩擦片滑动是否顺畅,如图 4-21 所示。检查制动蹄摩擦片与制动底板和固定件之间的接触面是否磨损。检查制动蹄摩擦片、制动底板和固定件是否生锈。检查期间,在制动底板和制动蹄摩擦片之间的接触面上涂高温润滑油脂。

（2）制动蹄摩擦片厚度的检查　使用一把直尺测量制动蹄摩擦片的厚度,如图 4-22 所示。如果制动蹄摩擦片厚度小于最小值,则更换制动蹄摩擦片。

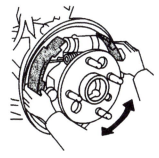

图 4-21 制动蹄摩擦片在制动底板上滑动情况的检查

图 4-22 制动蹄摩擦片厚度的检查

（3）制动鼓内圆柱面磨损及尺寸的检查　如图 4-23 所示,首先检查制动鼓内圆柱面有无烧损、刮痕和凹陷,若不能修磨应更换新件;检查制动鼓内圆柱面尺寸及圆度误差时,用游标卡尺检查制动鼓内圆柱面尺寸,用测量工具测量制动鼓内圆柱面的圆度误差,如果超过极限值,应更换新件。

（4）制动蹄摩擦片与制动鼓接触面积的检查　如图 4-24 所示,将制动蹄摩擦片表面打磨干净后,靠在制动鼓上,检查两者的接触面积,应不小于 60%,否则,应继续打磨摩擦片的表面。

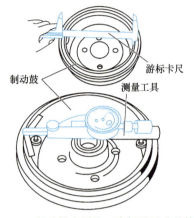

图 4-23 制动鼓内圆柱面磨损及尺寸的检查

图 4-24 制动蹄摩擦片与制动鼓接触面积的检查

3. 驻车制动器的检查与调整

以卡罗拉乘用车驻车制动器为例进行说明。

（1）检查驻车制动杆行程

1）用力拉住驻车制动杆。

2）松开驻车制动器锁，并将驻车制动杆放回到关闭位置。

3）缓慢将驻车制动杆向上拉到底，并计算"咔嗒"声的次数。

驻车制动杆行程：200N 时为 6~9 个槽口。

（2）调整驻车制动杆行程

1）拆下后地板控制台总成。

2）完全松开驻车制动杆。

3）松开锁紧螺母和调整螺母，以完全松开拉索。

4）发动机停机时，完全踩下制动踏板 3~5 次。

5）转动调整螺母，直到驻车制动杆行程修正至规定范围内，如图 4-25 所示。驻车制动杆行程：200N 时为 6~9 个槽口。

6）紧固锁紧螺母，拧紧力矩为 6N·m。

7）操作驻车制动杆 3~4 次，并检查驻车制动杆行程。

8）检查驻车制动器是否卡滞。

9）安装后地板控制台总成。

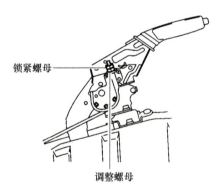

图 4-25 调整驻车制动杆行程

三、技能训练及相关实践知识

汽车制动器检修技能训练

【训练任务】客户所驾驶的乘用车在行驶制动时，行驶方向会发生偏斜；而在紧急制动时，又会出现方向急转或车辆甩尾的现象。维修人员需对汽车制动器进行检修，并向客户解释故障产生的原因。

【训练建议】以小组形式完成。制订故障诊断与排除的基本流程，并按要求逐项填写技能训练评价表。

【评价建议】可用如下技能训练评价表对学生操作技能进行评价。

技能训练评价表

学生姓名					
测评日期		测评地点			
测评内容		汽车制动器检修			
考评标准	内容	分值/分	自评	互评	师评
	盘式制动器的检修	40			
	鼓式制动器的检修	30			
	驻车制动器的检查与调整	30			
	合计	100			
最终得分（自评30% + 互评30% + 师评40%）					

说明：测评满分为100分，60~74分为及格，75~84分为良好，85分以上为优秀。60分以下的学生，需重新进行知识学习、任务训练，直到任务完成达到合格为止

>>>>>> 归纳总结

　　汽车制动系统的功用是按照需要使汽车减速或在最短距离内停车；下坡行驶时保持车速稳定；使停驶的汽车可靠驻停。汽车上设置有彼此独立的制动系统，它们起作用的时刻不同，但它们的组成却是相似的。这些制动系统一般都由供能装置、控制装置、传动装置、制动器及制动力调节装置和报警装置、压力保护装置等组成。

　　车轮制动器的作用是将气压或液压转变为制动器制动力，以迫使车轮停转，从而使路面给车轮一个与汽车行驶方向相反的制动力，在该力的作用下，使汽车迅速减速，达到汽车以给定车速行驶或停车的目的。常用的车轮制动器有鼓式制动器和盘式制动器两种。驻车制动器的功用是防止车辆停驶后出现滑溜；使车辆在坡道上能顺利起步；行车制动系统失效后临时使用或配合行车制动器进行紧急制动。

思考题

1. 说明制动系统的基本组成和工作原理。
2. 说明盘式制动器的结构和工作原理。
3. 说明鼓式制动器的结构和工作原理。
4. 说明鼓式制动器的类型并比较其特点。
5. 简述盘式制动器的检修方法。
6. 简述鼓式制动器的检修方法。
7. 简述驻车制动器检查与调整的方法。

任务二　汽车液压式制动传动装置检修

知识点：①液压式制动传动装置的结构与工作原理。②液压式制动传动装置主要部件的结构与工作原理。③真空液压制动传动装置的结构与工作原理。④前后轮制动力分配调节装置的结构与工作原理。

能力点：汽车液压式制动传动装置的检修。

任务情境

汽车液压式制动传动装置检修

客户反映，他所驾驶的乘用车在行车制动时，踩 1 次制动踏板不能减速或停车，连续踩几次制动踏板，制动效果也不好。师傅让维修工小李来对车辆进行检查，查找并排除故障。小李很快上手，并完成了这项任务。

任务分析

该任务是检修汽车液压式制动传动装置。完成此任务需要掌握液压式制动传动装置的结构与工作原理；掌握液压式制动传动装置主要部件的结构与工作原理；掌握真空液压制动传动装置的结构与工作原理；掌握汽车液压式制动传动装置的检修方法。

相关专业知识

制动传动装置的功用是将驾驶人或其他动力源的作用传到制动器，同时控制制动器的工作，从而获得所需要的制动力矩。

制动传动装置按传力介质的不同，可分为液压式、气压式和气-液综合式；按制动管路套数的不同，可分为单管路制动传动装置和双管路制动传动装置。按照交通法规的要求，现代汽车的行车制动系统须采用双管路制动传动装置，其中一套管路损坏时，另一套仍然起制动作用，从而提高了制动的可靠性和安全性。

一、液压式制动传动装置的结构与工作原理

液压式制动传动装置是利用制动液将制动踏板力转换为制动液压力，通过管路传至车轮制动器，再将制动液压力转变为制动蹄张开的机械推力。

项目四 汽车制动系统检修

1. 液压式制动传动装置的基本组成及工作原理

乘用车多采用真空助力式液压制动传动装置,它由制动踏板、真空助力器、制动主缸、制动器等组成,如图4-26所示。现代汽车上采用了各种制动力调节装置,用以调节前后车轮制动管路的工作压力,常用的制动力调节装置有限压阀、比例阀、感载比例阀和惯性阀等。

制动主缸和制动轮缸的相对位置经常发生变化,故连接油管除用钢管外,部分有相对运动的区段用高强度橡胶管连接。

制动踏板与主缸推杆铰接,推杆与制动主缸活塞间应有一定的间隙(1~2mm),以保证主缸活塞彻底回位。为保持和调整这一间隙,主缸推杆长度可用螺纹调节或将其连接销制成偏心销。间隙反映到制动踏板上有一小段自由行程。

制动轮缸活塞直径大于制动主缸活塞直径,并与前、后车桥上的实际载荷分配成比例。这样,作用在前、后桥制动蹄上的促动力,应是踏板力和制动踏板的杠杆比及活塞截面积比的乘积。

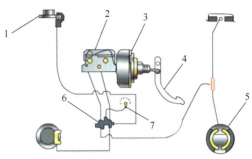

图4-26 液压式制动传动装置的组成
1—前轮盘式制动器 2—制动主缸 3—真空助力器
4—制动踏板 5—后轮鼓式制动器
6—制动力调节装置 7—制动警告灯

2. 双管路液压式制动传动装置的布置形式

双管路液压式制动传动装置是利用彼此独立的双腔制动主缸,通过两套独立管路分别控制两桥或三桥的车轮制动器。常见的双管路的布置方案有前后独立式和交叉式两种形式,如图4-27所示。

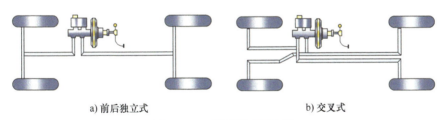

a) 前后独立式　　　　　　　　b) 交叉式

图4-27 双管路的布置方案

前后独立式双管路液压制动传动装置由双腔制动主缸通过两套独立的管路分别控制前桥和后桥的车轮制动器。这种布置形式结构简单,如果其中一套管路损坏漏油,另一套仍能起作用,但会破坏前、后桥制动力分配的比例,主要用于发动机前置后轮驱动的汽车。

交叉式双管路液压制动传动装置由双腔制动主缸通过2套独立的管路分别控制前、后桥对角线方向的2个车轮制动器。这种布置形式在任一管路失效时,仍能保持一半的制动力,且前、后桥制动力分配比例保持不变,有利于提高制动方向稳定性,主要用于发动机前置前轮驱动的轿车。

二、液压式制动传动装置主要部件的结构与工作原理

1. 制动主缸

制动主缸又称为制动总泵,它处于制动踏板与管路之间,其功用是将制动踏板输入的机

械力转换成液压力。

如图 4-28 所示，串联式双腔制动主缸主要由储液罐、前活塞、后活塞及前后活塞弹簧、推杆、皮碗等组成。制动主缸内的后活塞通过真空助力器内的推杆和制动踏板相连。缸体内装有 2 个活塞，将制动主缸内腔分为 2 个工作腔。后活塞工作腔与右前盘式、左后轮鼓式制动器制动轮缸回路相通。前活塞工作腔与左前盘式、右后轮鼓式制动器制动轮缸回路相通。每套管路和工作腔又分别通过进油孔和补偿孔与储液罐相通。前活塞在前活塞弹簧作用下保持在正确的初始位置，使进油孔和补偿孔与缸内相通。后活塞在后活塞弹簧的作用下压靠在隔套上，使其处于进油孔和补偿孔之间的位置。每个活塞上都装有皮碗，以便两腔建立油压并保证密封。

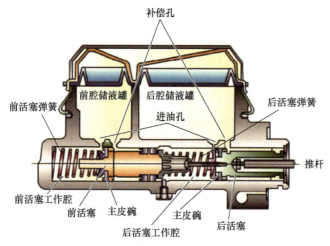

图 4-28 串联式双腔制动主缸

制动时，推杆推动后活塞向左移动，在其皮碗遮住进油孔后，后活塞工作腔的油压开始升高。制动液一方面通过腔内出油孔进入右前、左后制动管路，一方面又对前活塞产生推力，在此推力及后活塞弹簧力的共同作用下，前活塞也向左移动，这样前活塞工作腔也产生了压力，推开腔内出油阀，制动液进入左前、右后制动管路，于是两管路对汽车施行制动作用。

解除制动时，活塞在弹簧作用下复位，制动液由制动轮缸和管路流回到制动主缸。如活塞复位迅速，工作腔内容积也迅速扩大，使制动液压力迅速降低。由于管路阻力的影响，管路中的制动液不能及时流回工作腔以充满活塞移动让出的空间，使工作腔形成一定的真空度。这时，储液罐里的制动液便经补偿孔和活塞上面的小孔推开皮碗的边缘流入工作腔。当活塞完全复位时，进油孔打开，工作腔内多余的制动液由进油孔流回储液罐。液压系统由于漏油以及由于温度变化引起制动主缸工作腔、管路、制动轮缸中制动液膨胀或收缩，都可以通过补偿孔和进油孔进行调节。

2. 制动轮缸

制动轮缸的作用是将制动主缸传来的液压力转变为使制动蹄张开的机械推力。

因制动器形式的不同，制动轮缸的数目和形式各异，常见的有双活塞式、单活塞式、阶梯式等多种形式。

（1）双活塞式制动轮缸　双活塞式制动轮缸主要由活塞、皮碗、弹簧和放气螺钉等组成,如图4-29所示。制动轮缸为精度高而光洁的直筒,制动轮缸的缸体通常用螺钉固装在制动底板上,位于2个制动蹄之间。制动轮缸内装铝合金活塞,密封皮碗的刃口方向朝内,并由弹簧压靠在活塞上与其同步运动。活塞外端压有顶块,并与制动蹄的上端相抵紧。在缸体的另一端装有防尘罩,可防止尘土及泥土的侵入。缸体上方装有放气螺钉,以便放出液压系统中的空气。

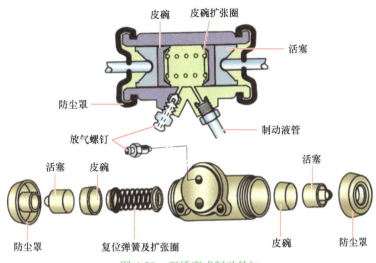

图4-29　双活塞式制动轮缸

制动轮缸受到液压作用后,顶出活塞,使制动蹄扩张。松开制动踏板,液压力消失,靠制动蹄复位弹簧的力,使活塞复位。

(2) 单活塞式制动轮缸　单活塞式制动轮缸如图4-30所示,它用于单向平衡式制动器或单向自动增力式制动器中。每1个制动器中装有2个单活塞制动轮缸,各控制1个制动蹄。活塞上有环槽,安装刃口向内的密封橡胶皮圈。

(3) 阶梯式制动轮缸　图4-31所示为阶梯式制动轮缸,它用于简单非平衡式制动器中,目的是使前、后制动蹄摩擦片磨损均匀,它的大端推动后制动蹄,小端推动前制动蹄。

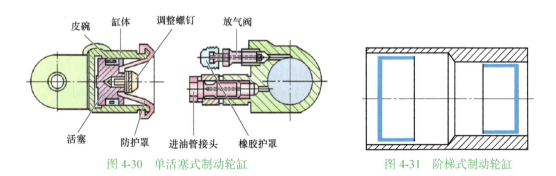

图4-30　单活塞式制动轮缸　　　　图4-31　阶梯式制动轮缸

三、真空液压式制动传动装置的结构与工作原理

在普通的液压制动系统中加装真空加力装置,可以减轻驾驶人施加于制动踏板上的力,

增加车轮的制动力，达到操纵轻便、制动可靠的目的。

真空加力装置可分为增压式和助力式 2 种。增压式加力装置是通过增压器将制动主缸的液压进一步增加，其增压器装在制动主缸之后；助力式加力装置是通过助力器来帮助制动踏板对制动主缸产生推力，其助力器装在踏板与制动主缸之间。

1. 真空增压式液压制动传动装置

（1）真空增压式液压制动传动装置的组成和原理　真空增压式液压制动传动装置如图 4-32 所示，它在液压制动传动装置中加装了一套真空增压系统，包括由发动机进气歧管、真空单向阀、真空罐组成的供能装置，作为控制装置的控制阀，作为传动装置的真空伺服气室、辅助缸和安全缸。

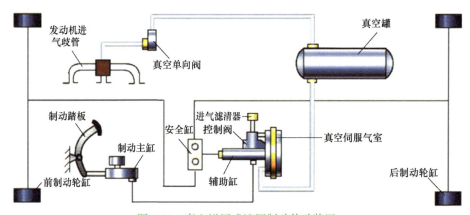

图 4-32　真空增压式液压制动传动装置

发动机工作时，在进气歧管真空度作用下，真空罐中的空气经真空单向阀被吸入发动机，因而真空罐中产生并积累一定的真空度，作为制动加力的力源。

踩下制动踏板时，制动主缸输出的制动液先进入辅助缸，由此一方面传入前、后轮制动轮缸作为促动力，另一方面又作为控制压力输入控制阀，起动控制阀使伺服气室产生的推力与来自制动主缸的液压力一起作用在辅助缸活塞上，从而使辅助缸输送到各制动轮缸的压力远高于制动主缸的压力。

安全缸的作用是当前、后轮制动管路之一损坏漏油时，该管路上的安全缸即自动封堵，保证另一管路仍能保持其中的压力。

（2）真空增压器　真空增压器的作用是将发动机产生的真空度转变为机械推力，使从制动主缸输出的液力进行增压后再输入各制动轮缸，增大制动力。

1）结构。真空增压器的结构如图 4-33a 所示，它由辅助缸、控制阀和伺服气室等组成。

2）辅助缸。辅助缸是将低压制动液变为高压制动液的装置。装有皮圈的辅助缸活塞将辅助缸内腔分隔为两部分，左腔经出油管通向前、后制动轮缸，右腔经进油接头与制动主缸相通。推杆后端与伺服气室膜片相连，前端嵌装着球阀，其球座在辅助缸活塞上。不制动时，推杆前部的球阀与阀座之间保持一定距离，保证辅助缸两腔相通。

3）控制阀。控制阀是控制伺服气室起作用的随动机构，由真空阀和空气阀组成双重阀门。不制动时，空气阀在弹簧的作用下处于关闭状态；真空阀在膜片复位弹簧的作用下处于开启状态。膜片座中央有孔道使控制阀上腔和控制阀下腔相通,因此不制动时控制阀上腔、控制阀下腔、前腔、后腔相通,且具有相等的真空度,如图 4-33b 所示。

4)伺服气室。伺服气室是将进气歧管产生的真空度与大气压力的压力差,转变为机械推力的总成。膜片将伺服气室分成前、后两腔,前腔经前壳体端面上的真空管接头通向真空源,后腔与控制阀上腔相通,并通过真空阀与前腔、控制阀下腔相通。

5)工作原理。真空增压器的工作原理如图 4-33b 所示。

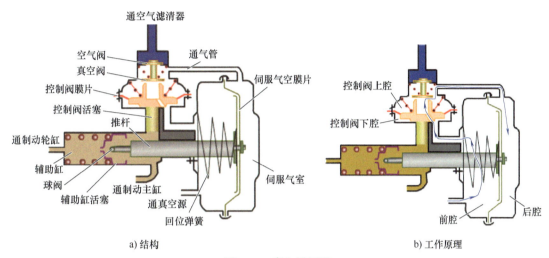

a)结构　　　　　　　　　　　　　b)工作原理

图 4-33　真空增压器

未制动时,空气阀关闭,真空阀开启。控制阀 4 个气室相通,且具有相等的真空度,推杆在复位弹簧的作用下处于最右端位置,推杆前部的球阀与阀座之间保持一定距离,辅助缸两腔相通。

制动时,踩下制动踏板,制动主缸的制动液输入到辅助缸体中,一部分制动液经活塞中间的小孔进入各制动轮缸,制动轮缸液压即等于制动主缸液压。与此同时,液压还作用在控制阀活塞上,当制动液压力升到一定值时,活塞连同膜片上移,首先关闭真空阀,同时关闭控制阀上腔和控制阀下腔的通道(也就关闭了前腔和后腔的通道),膜片座继续上移将空气阀打开,于是空气经空气阀进入控制阀上腔并到后腔。此时,控制阀下腔、前腔的真空度仍保持不变,这样后腔和前腔就产生压力差,推动伺服气室膜片使推杆左移,球阀关闭辅助缸活塞中的孔,制动主缸与辅助缸左腔隔绝。此时在辅助缸活塞上作用着两个力:制动主缸液压作用力和伺服气室输出的推杆力。因此,辅助缸左腔及各制动轮缸的压力高于制动主缸压力。

维持制动时,制动踏板踩到某一位置不动,制动主缸不再向辅助缸输送制动液,作用在辅助缸活塞和控制阀活塞上的力为一定值。但随着进入伺服气室的空气量的增加,控制阀上腔和控制阀下腔的压力差增大,对控制阀膜片产生向下的作用力,因而使膜片座及活塞向下移动,空气阀、真空阀开度逐渐减小,直至落座关闭。此时处于"双阀关闭"状态。制动液压力对控制活塞向上的压力与控制阀上腔、控制阀下腔压力差造成的向下压力相平衡。后腔和前腔的压力差作用在膜片上的总推力与控制油压作用在辅助缸活塞右端的总推力之和,与高压制动液作用在辅助缸左端的总阻力相抗衡,辅助缸活塞即保持相对稳定状态,维持了一定的制动强度。这一稳定值的大小取决于控制阀活塞下面的液压(制动主缸油压),即取决于制动踏板力和制动踏板行程。

放松制动踏板后,控制油压下降,控制阀活塞连同膜片座下移,空气阀仍处于关闭状态,而真空阀开启。于是后腔、控制阀上腔的空气经控制阀下腔、前腔被吸出,从而使控制阀上腔、控制阀下腔、前腔、后腔相通,均具有一定的真空度。推杆、伺服气室膜片及辅助缸活塞在弹簧的作用下各自回位,制动轮缸制动液从辅助缸活塞的小孔流回,从而解除制动。

2. 真空助力式液压制动传动装置

(1) 真空助力式液压制动传动装置的组成　真空助力式液压制动传动装置如图 4-34 所示。串联式双腔制动主缸的前腔通向左前制动轮缸(即左前轮缸),并经感载比例阀通向右后制动轮缸(即右后轮缸)。串联式双腔制动主缸的后腔通向右前制动轮缸(即右前轮缸),并经感载比例阀通向左后制动轮缸(即左后轮缸)。伺服气室和控制阀组成一个整体部件,称为真空助力器。制动主缸直接装在伺服气室的前端,真空单向阀装在伺服气室上。伺服气室工作时产生的推力,也同制动踏板力一样直接作用在制动主缸的活塞推杆上。

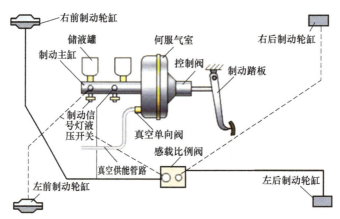

图 4-34　真空助力式液压制动传动装置

(2) 真空助力器　真空助力器的作用是减轻驾驶人的制动操纵力。如图 4-35 所示,膜片将真空助力器的后腔和前腔隔离。真空助力器前腔通过真空单向阀与发动机进气管相通。复位弹簧安装在前腔的推杆上和推杆一起运动。橡胶阀门与在膜片座上加工出来的阀座组成真空阀,与控制阀柱塞的空气阀座组成空气阀。真空阀将真空助力器前腔与后腔相连,空气阀将真空助力器后腔和外界空气相连。不制动时,膜片被复位弹簧推向最右端位置,此时真空阀打开,空气阀关闭,真空助力器的后腔和前腔相通,压力相等,真空助力器不工作。

发动机工作时,真空助力器前腔的空气被吸进发动机进气管,产生真空。踩下制动踏板,真空阀关闭,空气阀打开。空气进入真空助力器后腔,使后腔压力大于前腔压力,膜片向左拱曲运动,于是带动制动主缸内的活塞运动,产生制动油压。

松开制动踏板,活塞及膜片在复位弹簧的作用下恢复到原来的位置,制动踏板推杆也往回运动，空气阀关闭，真空阀打开，使真空助力器前腔和后腔相通，制动油压下降，制动解除。当真空助力器或真空源失效时，作用于制动主缸推杆上的力取决于驾驶人对制动踏板施加的踏板力，但制动踏板力要比未失效时大得多。

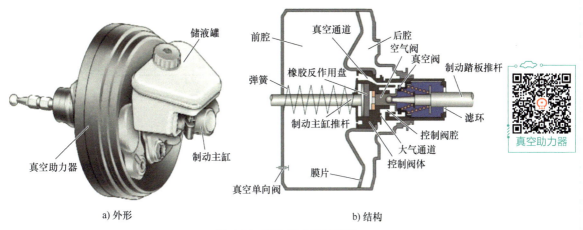

图 4-35 真空助力器的结构

四、前、后轮制动力分配调节装置的结构与工作原理

汽车制动时，作用在车轮上的制动力随着踏板力的增加而增加，但最大制动力受到轮胎与路面附着力的限制，制动力不能超过附着力，否则，车轮将被"抱死"。无论前轮先抱死还是后轮先抱死，都会严重影响汽车行驶的安全性，并加剧轮胎的磨损。

要想让汽车既能得到尽可能大的制动力，又能保持行驶方向的稳定性，就必须使汽车前、后轮同时达到抱死的边缘。其条件是：前、后轮制动力之比等于前、后轮对路面垂直载荷之比。

但是，汽车装载量的不同和汽车制动时减速度的不同，引起了载荷的转移。汽车前、后轮的实际垂直载荷比是变化的。因此，要满足最佳制动状态的条件，汽车前、后轮制动力的比例也应是变化的。为使前、后轮获得理想的制动力，现代汽车上采用了各种制动力调节装置，用以调节前、后车轮制动管路的工作压力，常用的调节装置有限压阀、比例阀、感载比例阀和惯性阀等。

1. 限压阀

限压阀是一种简单的压力调节阀，串联在制动主缸与后轮制动器的管路之间，其功用是当前、后制动管路压力 p_1 和 p_2 由零同步增长到一定值后，自动将 p_2 限定在该值不变，防止后轮抱死。

图 4-36 所示为液压式限压阀的结构及特性曲线。

2. 比例阀

比例阀也串联在制动主缸与后轮制动器的管路之间，其功用是当前、后制动管路压力 p_1 和 p_2 由零同步增长到一定值 p_S 后，即自动对 p_2 增长加以限制，使 p_2 的增量小于 p_1 的增量，使实际油压分配曲线与理想曲线更为接近。

图 4-37 所示为比例阀的结构原理，比例阀通常采用两端承压面积不等的异径活塞。

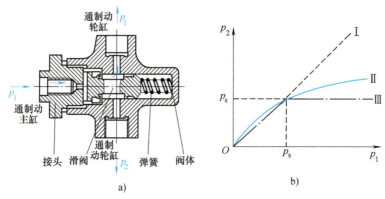

图 4-36 液压式限压阀的结构及特性曲线
Ⅰ—无制动力调节装置时的实际特性　Ⅱ—制动时的理想特性
Ⅲ—安装限压阀的制动特性

3. 感载比例阀

有些车辆（特别是中、重型载货汽车）在实际载质量不同时，其总重力和重心位置变化较大。因此，满载和空载时的前、后轮制动力分配差距也较大，所以应采用随汽车实际装载质量变化而改变的感载阀。液压系统常用的感载阀有感载限压阀和感载比例阀两类。

如图 4-38 所示为液压式感载比例阀及其感载控制机构。

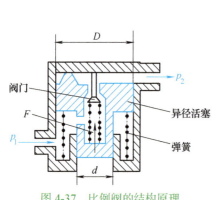

图 4-37 比例阀的结构原理

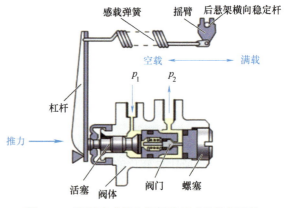

图 4-38 液压式感载比例阀及其感载控制机构

4. 惯性阀

汽车轴载质量的变化不仅与汽车总质量或实际装载质量有关，还与汽车制动时减速度的大小有关。当汽车制动减速度增加时，前轴的轴载质量增大，而后轴的轴载质量减小。

惯性阀的作用是使限压点液压值 p_S 取决于汽车制动时作用在汽车重心上的惯性力，即 p_S 不仅与汽车的实际质量有关，还与汽车制动减速度有关。

图 4-39 所示为惯性限压阀。

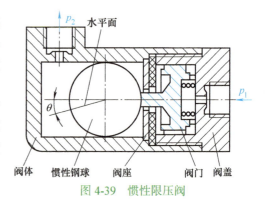

图 4-39 惯性限压阀

任务实施

一、任务实施的环境与条件

1）拆装及检修前，车辆可靠驻停。
2）正确选用拆装与检修工具。
3）相关车型维修手册。
4）发动机技术状况良好。
5）仪器操作手册。
6）注意环保及安全操作。

二、任务实施的步骤

1. 制动踏板的检查与调整

以卡罗拉汽车为例进行说明。

（1）检查制动踏板高度

1）翻起地毯。
2）从前围消声器固定架上的开口处翻转前围消声器。
3）测量制动踏板表面和地板之间的最短距离，如图 4-40 所示。制动踏板高度为 145.8~155.8mm。如果制动踏板高度不符合规定，应对其进行调整。

（2）调整制动踏板高度

1）断开制动灯开关插接器。
2）拆下制动灯开关总成。
3）松开推杆 U 形夹锁紧螺母。
4）转动推杆以调整制动踏板高度。
5）拧紧推杆 U 形夹锁紧螺母。
6）将制动灯开关插入调节器固定架，直到开关壳体接触到制动踏板。

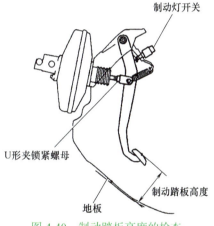

图 4-40 制动踏板高度的检查

注意：不要踩下制动踏板。

7）调整制动灯开关。
8）连接制动灯开关插接器。

（3）检查制动踏板自由行程

1）关闭发动机。多次踩下制动踏板直至制动助力器内无真空。松开制动踏板。
2）踩下制动踏板直至感觉到轻微的阻力，如图 4-41 所示测量距离。制动踏板自由行程为 1.0~6.0mm。如果制动踏板自由行程不符合规定，检查制动灯开关间隙。如果制动踏板自由行程符合规定，转至"检查制动踏板行程余量"。

（4）检查制动踏板行程余量

注意：在检查制动踏板高度的同一点测量距离。

1）松开驻车制动杆。

2）发动机运转时踩下制动踏板，测量制动踏板行程余量，如图4-42所示。如果制动踏板行程余量不符合规定，对制动系统进行故障排除。当用294N的力踩下制动踏板时，制动踏板行程余量规定值，不带车身稳定控制系统（VSC）的车型为85mm；带VSC的车型为90mm。

图4-41 制动踏板自由行程的测量

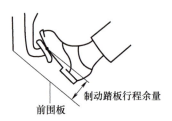

图4-42 制动踏板行程余量的测量

2. 制动主缸的检修

1）检查储液罐是否破损，若出现破损则应更换。

2）如图4-43所示，检查制动主缸缸体内孔和制动主缸活塞表面，其表面不得有划伤和腐蚀；用内径表检查制动主缸缸体内孔的直径B，用千分尺检查制动主缸活塞的外径C，并计算出内孔与活塞之间的间隙A，其标准值为0.0~0.106mm，使用极限为0.15mm，超过极限，应更换加大尺寸活塞或更换泵体。

3）检查制动主缸皮碗、密封圈是否老化、损坏与磨损，若出现上述情况则应更换。

3. 制动轮缸的检修

制动轮缸分解后，用清洗液清洗轮缸零件。清洗后，如图4-44所示，检查制动轮缸缸体内孔与制动轮缸活塞外圆表面的烧蚀、刮伤和磨损情况。如果制动轮缸缸体内孔有轻微刮伤或腐蚀，可用细砂布磨光。磨光后的缸体内孔应用清洗液清洗，再用无润滑油的压缩空气吹干。然后测出缸体内孔孔径B，活塞外圆直径C，并计算出内孔与活塞的间隙A，其标准值为0.04~0.106mm，使用极限为0.15mm。

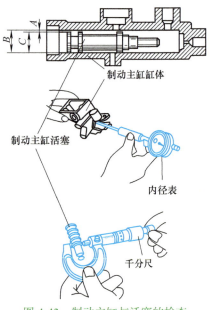

图4-43 制动主缸与活塞的检查

A—缸体与活塞的间隙　B—缸体内孔的直径　C—活塞的外径

4. 真空助力器的检查与试验

（1）真空助力器的检查

1）真空助力器工作情况检查。如图4-45所示，起动发动机，怠速运转1~2min后停机；踩下制动踏板数次，检查踏板是否升高；踩下制动踏板后，起动发动机，检查制动踏板是否下沉。如果制动踏板没有出现上述动作就说明真空助力器工作不良，应检查真空管路或更换真空助力器。

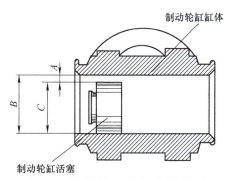

图 4-44 制动轮缸缸体与活塞的检查

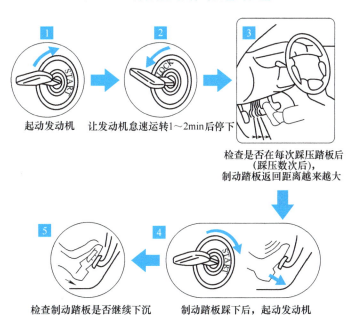

图 4-45 真空助力器工作情况的检查

2) 真空助力器的真空检查。如图 4-46 所示，起动发动机，踩下制动踏板并保持30s后使发动机熄火，检查制动踏板高度是否不变。如果制动踏板高度发生改变则说明真空助力器有真空泄漏。

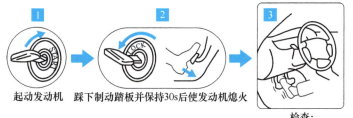

图 4-46 真空助力器的真空检查

（2）真空助力器的试验

1）就车检查真空助力器。将发动机熄火，首先用力踩几次制动踏板，以消除真空助力器中残余的真空度。用适当的力踩住制动踏板，并保持在一定位置，然后起动发动机，使真空系统重新建立起真空，并观察制动踏板，如图4-47所示。

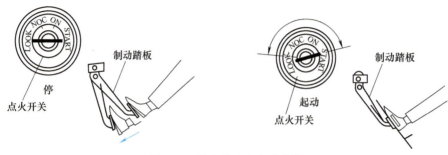

图4-47 就车检查真空助力器

若制动踏板位置有所下降，说明真空助力器正常；若制动踏板位置保持不动，则说明助力器或真空单向阀损坏。

2) 真空助力器就车真空试验。

① 将T形管、真空表、软管及卡紧工具等按图4-48所示连接好。

② 起动发动机，使其怠速运转1min。

③ 卡紧与进气歧管相连的软管上的卡紧工具，切断助力器单向阀与进气歧管之间的通路。

④ 将发动机熄火，观察真空表的变化。如果在规定时间内真空度下降过多（BJ2020规定在15s内真空度下降不大于3386.35Pa），说明助力器膜片或真空阀损坏。

3) 真空助力器单向阀试验。如图4-49所示，拆下与单向阀相连的软管，将手动真空泵软管与单向阀真空源接口相连。

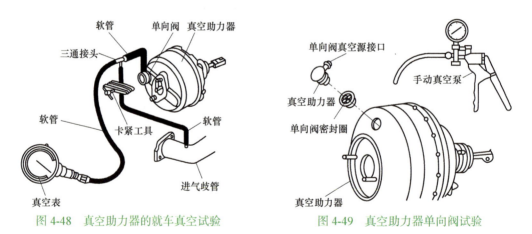

图4-48 真空助力器的就车真空试验　　图4-49 真空助力器单向阀试验

扳动手动真空泵手柄给单向阀加上50.80~67.70kPa的真空度，在正常情况下，真空度应保持稳定。如果真空泵指示表上显示出真空度下降，则表明单向阀损坏。

5. 制动液的加注和制动系统放气

以卡罗拉乘用车为例进行说明。

（1）检查储液罐中的制动液液位　如图4-50所示，如果制动液液位低于MIN线，检查是否有泄漏，并检查盘式制动器衬块。如有必要，维修或更换后重新向储液罐加注制动液。

卡罗拉乘用车的制动液为 SAE J1703 或 FMVSS No.116 DOT 3。

（2）更换或添加制动液　如果对制动系统执行了任何操作或怀疑制动管路中有空气，应对制动系统进行放气。

注意：对制动系统进行放气前，将变速杆移至空档位置并拉紧驻车制动器；对制动系统进行放气的同时，添加制动液使储液罐的液面保持在 MIN 线和 MAX 线之间；如果制动液泄漏到任何涂漆表面上，应立即将其清洗干净。

1）拆卸中间前围板上通风栅板。

① 如图 4-51 所示，滑动发动机盖至前围上密封并脱开卡爪。

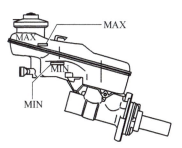

图 4-50　制动液液位的检查

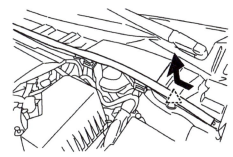

图 4-51　滑动发动机盖

② 脱开 5 个卡爪并拆下中间前围板上通风栅板，如图 4-52 所示。

2）给储液罐加注制动液，如图 4-53 所示。

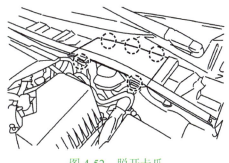

图 4-52　脱开卡爪

图 4-53　加注制动液

3）对制动主缸进行放气。

注意：如果制动主缸重新安装过或储液罐变空，则对制动主缸进行放气；用抹布或布片盖在涂漆表面上，以防止制动液黏附。

① 用连接螺母扳手（10mm）从制动主缸上断开 2 个制动管路，如图 4-54 所示。

② 缓慢踩下制动踏板并保持，如图 4-55 所示。

③ 用手指堵住 2 个外孔，并松开制动踏板，如图 4-56 所示。

④ 重复②和③步骤 3 次或 4 次。

图4-54 制动主缸放气(一)

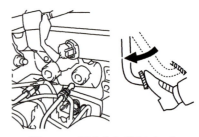

图4-55 制动主缸放气(二)

⑤ 用连接螺母扳手(10mm)将2个制动管路连接至制动主缸,如图4-57所示。拧紧力矩:不使用连接螺母扳手时为15N·m;使用连接螺母扳手时为14N·m。

注意:使用力臂长度为250mm的扭力扳手;当连接螺母扳手与扭力扳手平行时,扭力值有效。

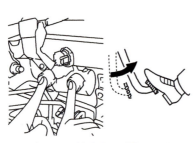

图4-56 制动主缸放气(三)

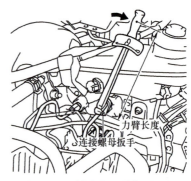

图4-57 制动主缸放气(四)

4)对制动管路进行放气。

注意:应首先对离制动主缸最远的车轮的制动管路进行放气;对制动系统进行放气的同时,添加制动液使储液罐的液面保持在MIN线和MAX线之间。

① 将塑料管连接至放气螺塞。
② 如图4-58所示,踩下制动踏板数次,然后踩住制动踏板,松开放气螺塞。
③ 制动液不再溢出时,紧固放气螺塞,然后松开制动踏板,如图4-59所示。

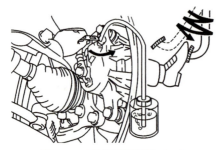

图4-58 制动管路放气(一)

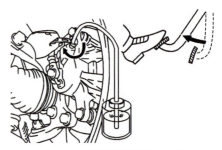

图4-59 制动管路放气(二)

④ 重复②和③步骤，直至制动液中的气体完全放出。
⑤ 完全紧固放气螺塞。拧紧力矩：前放气螺塞为 8.3N·m，后放气螺塞为 10N·m。
⑥ 对每个车轮均重复上述程序，从而对制动管路进行放气。

三、技能训练及相关实践知识

汽车液压式制动传动装置检修技能训练

【训练任务】客户所驾驶的乘用车出现故障，该车制动时，踩1次制动踏板不能减速或停车，连续踩几次制动踏板，制动效果也不好。维修人员对该车的液压式制动传动装置进行了检修，并向客户解释故障产生的原因。

【训练建议】以小组形式完成。制订故障诊断与排除的基本流程，并按要求逐项填写技能训练评价表。

【评价建议】可用如下技能训练评价表对学生操作技能进行评价。

技能训练评价表

学生姓名					
测评日期		测评地点			
测评内容	汽车液压式制动传动装置检修				
	内容	分值/分	自评	互评	师评
考评标准	制动踏板的检查与调整	20			
	制动主缸的检修	20			
	制动轮缸的检修	20			
	真空助力器的检查与试验	20			
	制动液的更换和制动系统放气	20			
	合计	100			
最终得分（自评30%＋互评30%＋师评40%）					

说明：测评满分为100分，60~74分为及格，75~84分为良好，85分以上为优秀。60分以下的学生，需重新进行知识学习、任务训练，直到任务完成达到合格为止

>>>>>> 归纳总结

制动传动装置的功用是将驾驶人或其他动力源的作用传到制动器，同时控制制动器的工作，从而获得所需要的制动力矩。液压式制动传动装置是利用制动液将制动踏板力转换为制动液压力，通过管路传至车轮制动器，再将制动液压力转变为制动蹄张开的机械推力。

液压式制动传动装置由制动踏板、主缸推杆、制动主缸、储液罐、制动轮缸、油管、制动灯开关、指示灯、比例阀等组成。制动主缸处于制动踏板与管路之间，其功用是将制动踏板输入的机械力转换成液压力。串联式双腔制动主缸主要由储液罐、制动主缸外壳、第1活塞、第2活塞及活塞弹簧、推杆、皮碗等组成。制动轮缸的作用是将制动主缸

传来的液压力转变为使制动蹄张开的机械推力。制动轮缸主要由缸体、活塞、皮碗、弹簧和放气螺钉等组成。

真空加力装置可分为增压式和助力式两种。增压式是通过增压器将制动主缸的液压进一步增加,增压器装在主缸之后;助力式是通过助力器来帮助制动踏板对制动主缸产生推力,助力器装在制动踏板与主缸之间。

为使前后轮获得理想的制动力,现代汽车上采用了各种制动力调节装置,用以调节前后车轮制动管路的工作压力,常用的调节装置有限压阀、比例阀、感载比例阀和惯性阀等。

思考题

1. 说明液压式制动传动装置的组成、原理及类型。
2. 简述真空助力器的结构和工作原理。
3. 简述制动力分配调节装置的结构和工作原理。
4. 简述更换制动液和制动系统放气的方法。

拓展提高

气压式制动传动装置

气压式制动传动装置利用压缩空气作为动力源,制动时,驾驶人通过控制制动踏板的行程,便可控制制动气压的大小,从而得到不同的制动强度。气压式制动传动装置的特点是:制动操纵省力,制动强度大,制动踏板行程小;需要消耗发动机的动力,制动粗暴而且结构比较复杂。因此,一般在重型和部分中型汽车上采用。

双管路气压式制动传动装置是利用1个双腔的制动阀、2个或3个储气筒组成2套彼此独立的管路,分别控制2个车桥的车轮制动器。

双管路气压式制动传动装置如图4-60所示,发动机驱动的活塞式空气压缩机1将压缩空气经储气筒单向阀4压入湿储气筒6,湿储气筒上装有安全阀7和放水阀5。压缩空气在湿储气筒内冷却并进行油水分离,之后分成2个回路:一个回路经过主储气筒14、并列双腔制动阀3的后腔而通向前制动气室2;另一个回路是经过主储气筒17、并列双腔制动阀3的前腔和快放阀13而通向后制动气室10。当其中一个回路发生故障失效时,另一个回路仍继续工作,以维持汽车具有一定的制动能力,从而提高汽车行驶的安全性。

装在并列双腔制动阀3至后制动气室10之间的快放阀13的作用是:当松开制动踏板时,使后轮制动气室放气路线和时间缩短,保证后轮制动器迅速解除制动。

双针气压表18的2个表针分别指示主储气筒14、主储气筒17的气压。主储气筒14和主储气筒17上都装有低压报警器15,当主储气筒的气压低于规定值时,便接通装在驾驶室内转向柱支架内侧的蜂鸣器的电路,使之发生断续鸣叫声,以警告驾驶人,注意主储气筒内气压过低。

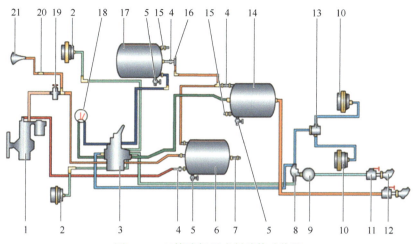

图 4-60　双管路气压式制动传动装置

1—空气压缩机　2—前制动气室　3—并列双腔制动阀　4—储气筒单向阀　5—放水阀
6—湿储气筒　7—安全阀　8—梭阀　9—挂车制动阀　10—后制动气室
11—挂车分离开关　12—连接头　13—快放阀　14—主储气筒（供前制动器）
15—低压报警器　16—取气阀　17—主储气筒（供后制动器）
18—双针气压表　19—气压调节阀　20—气喇叭开关　21—气喇叭

在不制动情况下，主储气筒 14 还通过挂车制动阀 9、挂车分离开关 11、连接头 12 向挂车储气筒充气。制动时，并列双腔制动阀的前、后腔输出气压可能不一致，但都通入梭阀 8，梭阀只让压力较高一腔的压缩空气输入挂车制动阀 9，后者输出的气压又控制装在挂车上的继动阀，使挂车产生制动。

当驾驶人踩下制动踏板时，拉杆带动并列双腔制动阀拉臂摆动，使并列双腔制动阀工作。主储气筒 14 的压缩空气经并列双腔制动阀 3 的后腔而通向前制动气室 2，使前轮制动；主储气筒 17 的压缩空气经并列双腔制动阀 3 的前腔和快放阀 13 而通向后制动气室 10，使后轮制动。当放松制动踏板时，并列双腔制动阀 3 使各制动气室通大气以解除制动。

参 考 文 献

[1] 陈家瑞. 汽车构造：下册 [M]. 3版. 北京：机械工业出版社，2009.
[2] 关文达. 汽车构造 [M]. 2版. 北京：清华大学出版社，2009.
[3] 王家青，孟华霞，陆志琴. 汽车底盘构造与维修 [M]. 3版. 北京：人民交通出版社股份有限公司，2016.
[4] 杜瑞丰，李忠凯. 汽车底盘构造与维修 [M]. 3版. 北京：高等教育出版社，2022.
[5] 刘汉涛. 汽车底盘构造与原理精解 [M]. 北京：机械工业出版社，2014.
[6] 胡胜，徐炬，张体龙. 汽车底盘构造与维修 [M]. 2版. 北京：机械工业出版社，2022.